TRATADO DE LA VERDADERA DEVOCIÓN
A LA SANTÍSIMA VIRGEN MARÍA

TRATADO DE LA VERDADERA DEVOCIÓN
A LA SANTÍSIMA VIRGEN MARÍA

Con una selección de oraciones a la Virgen María

SAN LUIS MARÍA GRIGNION DE MONTFORT

ORIGEN

Penguin
Random House
Grupo Editorial

Título original: *Traité de la vraie dévotion à la Sainte Vierge*

Primera edición: marzo de 2024

Copyright © 2024, Penguin Random House Grupo Editorial USA, LLC
8950 SW 74th Court, Suite 2010
Miami, FL 33156

Publicado por ORIGEN,
una marca registrada de Penguin Random House Grupo Editorial.
Todos los derechos reservados.

Traducción: Daniel Esparza
Diseño de cubierta: Penguin Random House Grupo Editorial
Imagen de cubierta: Renata Sedmakova / Shutterstock

Impreso en Colombia / *Printed in Colombia*

ISBN: 978-1-64473-880-1

24 25 26 27 28   10 9 8 7 6 5 4 3 2 1

ÍNDICE DE CONTENIDO

ORACIONES CATÓLICAS

INTRODUCCIÓN

Es por la santísima Virgen María que Jesús ha venido al mundo, y es también por ella que Él tiene que reinar en el mundo.

María ha estado singularmente oculta durante su vida. Por eso, el Espíritu Santo y la Iglesia la llaman *alma mater*: una madre secreta y oculta. Su humildad era tan grande que no tenía en la tierra propensión más poderosa ni más ininterrumpida que la de ocultarse incluso de sí misma, así como de toda otra criatura, para ser conocida solo por Dios. Él escuchó sus plegarias cuando le suplicó que la ocultara, que la humillara y que la tratara como pobre y sin importancia en todos los aspectos, y se complació en ocultarla a todas las criaturas humanas en su concepción, en su nacimiento, en su vida y en su resurrección y asunción. Ni siquiera sus padres la conocieron, y los ángeles se preguntaban a menudo entre sí: *Quæ est ista?* —"¿Quién es esta?"—, porque el Altísimo la escondió de ellos, y si les reveló algo de ella, no fue nada comparado con lo que no les reveló.

Dios Padre consintió en que ella no hiciera milagro alguno, al menos ninguno público, durante su vida, aunque Él le había dado el poder. Dios Hijo consintió en que apenas hablara, aunque le había comunicado su sabiduría. Dios Espíritu Santo, aunque era su fiel Esposa, consintió en que sus apóstoles y evangelistas hablaran muy poco de ella, y no más de lo necesario para dar a conocer a Jesucristo.

María es la obra maestra del Altísimo, de la que se ha reservado el conocimiento y la posesión. María es la admirable Madre del Hijo, que se complació en humillarla y ocultarla durante su vida, para favorecer su humildad, llamándola por el nombre de *mujer*, como si fuese una extraña, aunque en su corazón la estimaba y amaba por encima de todos los ángeles y de todos los hombres. María es la fuente sellada y la Esposa fiel del Espíritu Santo, a quien solo Él tiene acceso. María es el santuario y el reposo de la Santísima Trinidad, donde Dios mora más magnífica y divinamente que en ningún otro lugar del universo, sin exceptuar Su morada entre los querubines y serafines. Tampoco se permite a ninguna criatura, por muy pura que sea, tener entrada a este santuario si no es por un privilegio especialísimo.

Digo con los santos: la divina María es el Paraíso terrestre del Nuevo Adán, donde Él se encarna por la operación del Espíritu Santo, para obrar allí maravillas incomprensibles. Ella es el grandioso y divino Mundo de Dios, donde hay bellezas y tesoros indecibles. Ella es la magnificencia del Altísimo, donde Él ha escondido, como en su seno, a su Hijo único, y en Él todo lo que es más excelente y más precioso. ¡Oh, qué cosas tan grandes y ocultas ha obrado ese Dios poderoso en esta admirable criatura! Como ella misma se ha visto obligada a decirlo, a pesar de su profunda humildad: *Fecit mihi magna, qui potens est!* ("El Todopoderoso ha hecho en mí grandes cosas"). El mundo no las conoce, porque es a la vez incapaz e indigno de tal conocimiento.

Los santos han dicho cosas admirables de esta Santa Ciudad de Dios; y, como ellos mismos confiesan, nunca han sido más elocuentes y más contundentes que cuando han hablado de ella. Sin embargo, después de todo lo que han dicho, claman que la altura de sus méritos, que ella ha elevado hasta el trono de la Divinidad, no puede ser vista completamente; que la cantidad de sus méritos, que ella ha elevado hasta el trono de la Divinidad, no puede ser vista completamente; que la amplitud de su caridad, que es más ancha que la tierra, es en verdad inmensurable; que la grandeza de su poder, que ejerce incluso sobre Dios mismo, es incomprensible; y finalmente, que la profundidad de su humildad, y de todas sus virtudes y gracias, es un abismo que jamás podrá ser sondeado.

¡Oh, altura incomprensible! ¡Oh, anchura indecible! ¡Oh, grandeza inconmensurable! ¡Oh, abismo impenetrable! ¡Todos los días, de un extremo a otro de la tierra, en las más elevadas alturas de los cielos y en las más hondas profundidades de los abismos, todo predica, todo publica, a la admirable María! Los nueve coros de ángeles, seres humanos de todas las edades, sexos, condiciones y religiones, buenos o malos, e incluso los mismos demonios, voluntaria o involuntariamente, se ven obligados, por la fuerza de la verdad, a llamarla Bienaventurada. San Buenaventura nos dice que todos los ángeles del cielo la aclaman sin cesar: *Sancta, sancta, sancta Maria, Dei, Genitrix et Virgo* —"Santa, Santa, Santa María, Virgen Madre de Dios"—; y que le ofrecen millones y millones de veces al día la Salutación Angélica, *Ave Maria*..., presentándose ante ella y rogándole, en su gracia, que les honre con algunas de sus órdenes. San Miguel, como dice san Agustín, aunque es el príncipe de toda la corte celestial, es el más celoso en honrarla y hacer que la honren, mientras espera siempre con expectación tener el honor de ir, a petición suya, a prestar servicio a alguno de sus siervos.

Toda la tierra está llena de su gloria, especialmente entre los cristianos, entre los que es tomada como protectora de muchos reinos, provincias, diócesis y ciudades. Numerosas capillas están consagradas a Dios bajo su nombre. No hay iglesia que no tenga un altar en su honor ni país o cantón donde no haya imágenes milagrosas, donde no se curen toda clase de males y se obtengan toda clase de dones. ¿Quién puede contar las cofradías y congregaciones en su honor? ¿Cuántas órdenes religiosas se han fundado en su nombre y bajo su protección? ¿Cuántos hermanos y hermanas de todas estas cofradías, y religiosos y religiosas de todas estas órdenes, publican sus alabanzas y confiesan sus misericordias? No hay niño que, al rezar el Ave María, no la alabe. Ni siquiera un pecador que, incluso en su obstinación, no tenga alguna chispa de confianza en ella. Es más, los mismos demonios del infierno, aunque le temen, la respetan.

Después de esto, sin duda debemos decir con los santos: *De Maria nunquam satis* —"De María nunca tenemos suficiente"—; todavía no hemos alabado, exaltado, honrado, amado y servido a María como deberíamos hacerlo. Ella ha merecido aún más alabanza, respeto, amor y servicio.

Después de esto, debemos decir con el Espíritu Santo: *Omnis gloria filiæ Regis ab intus* —"Toda la gloria de la hija del Rey está dentro de ella"—. Es como si toda la gloria exterior, que el cielo y la tierra se disputan por poner a sus pies, no fuese nada en comparación con la que ella recibe dentro del Creador, y que no es conocida por las criaturas, que en su pequeñez son incapaces de penetrar en el secreto de los secretos del Rey.

Después de esto, debemos gritar con el apóstol: *Nec oculus non vidit, nec auris audivit, nec in cor hominis ascendit* —"Ni el ojo vio, ni el oído oyó, ni el corazón del hombre comprendió"— las bellezas, grandezas y excelencias de María, el milagro de los milagros de la gracia, de la naturaleza y de la gloria.

Si quieres comprender a la Madre, dice un santo, comprende al Hijo; porque ella es la digna Madre de Dios. *Hic taceat omnis ling*: "aquí enmudezca toda lengua".

Es con una alegría especial que mi corazón me ha dictado lo que acabo de escribir, para demostrar que la divina María ha sido hasta ahora desconocida, y que esta es una de las razones por las que Jesucristo no es conocido como debería serlo. Si, pues, como es seguro, el reino de Jesucristo ha de venir al mundo, no será sino una consecuencia necesaria del conocimiento del reino de la santísima Virgen María, que lo trajo al mundo la primera vez, y hará que su segundo advenimiento esté lleno de esplendor.

PRIMERA PARTE

De la devoción a
Nuestra Santísima Señora en general

I. Excelencia y necesidad de la devoción a Nuestra Santísima Señora

Convengo con toda la Iglesia en que María, no siendo más que una simple criatura salida de las manos del Altísimo, es, en comparación con su Majestad Infinita, menos que un átomo; o más bien no es nada en absoluto, porque Él solo es "Aquel que es", y por consiguiente ese gran Señor, siempre independiente y suficiente para Sí mismo, nunca tuvo, ni tiene ahora, ninguna necesidad absoluta de la Santísima Virgen para el cumplimiento de su voluntad y para la manifestación de su gloria. No tiene más que querer, para realizar toda cosa. Sin embargo, digo que, suponiendo las cosas como son ahora, habiendo Dios querido comenzar y completar sus mayores obras por la santísima Virgen desde que la creó, bien podemos pensar que no cambiará su conducta por los siglos de los siglos, porque Él es Dios, y no cambia ni en sus sentimientos ni en su conducta.

Dios Padre no ha dado al mundo a su Unigénito sino por María. Cualesquiera que hayan sido los suspiros de los patriarcas, cualesquiera que hayan sido las oraciones de los profetas y de los santos de la antigua ley para obtener ese tesoro durante cuatro mil años, solo María lo mereció; solo María encontró la gracia ante Dios por la fuerza de sus oraciones y la eminencia de sus virtudes. El mundo no era digno, dice san Agustín, de recibir inmediatamente al Hijo de Dios de manos del Padre. Él se lo ha dado a María para que el mundo lo reciba a través de ella. El Hijo de Dios se ha hecho Hombre; pero ha sido en María y por María. Dios Espíritu Santo ha formado a Jesucristo en María; pero fue solo después de haberle pedido su consentimiento por uno de los primeros ministros de su corte.

Dios Padre ha comunicado a María su fecundidad, en la medida en que una simple criatura era capaz de ello, para darle el poder de engendrar a su Hijo, y a todos los miembros de su Cuerpo místico. Dios Hijo descendió a su seno virginal, como el nuevo Adán al paraíso terrestre, para complacerse en él y obrar en secreto las maravillas de su gracia.

Dios, hecho hombre, encontró su libertad al verse aprisionado en su vientre. Ha hecho resplandecer su omnipotencia dejándose llevar por esa Virgen bendita. Ha hecho resplandecer su gloria y la de su Padre ocultando sus esplendores a todas las criaturas de aquí abajo y revelándoselos solo a María. Glorificó su independencia y su majestad, al depender de aquella dulce Virgen, en su concepción, en su nacimiento, en su presentación en el templo, en su vida oculta de treinta años, y aun en su muerte, en la que ella debía estar presente, para no hacer con ella sino un mismo sacrificio, y ser inmolado al eterno Padre por su consentimiento; así como Isaac fue ofrecido antiguamente por consentimiento de Abraham a la voluntad de Dios. Ella lo amamantó, lo alimentó, lo mantuvo, lo educó y luego lo sacrificó por nosotros.

¡Oh, admirable e incomprensible dependencia de un Dios, que el Espíritu Santo no pudo pasar en silencio en el Evangelio, aunque nos ha ocultado casi todas las cosas admirables que esa Sabiduría Encarnada hizo en su vida oculta, como si quisiera permitirnos, al revelarnos eso al menos, comprender algo de su precio! Jesucristo dio más gloria a Dios Padre por la sumisión a su Madre durante aquellos treinta años, que la que le hubiera dado convirtiendo al mundo entero mediante la realización de los milagros más estupendos ¡Oh, cuán altamente glorificamos a Dios cuando, para agradarle, nos sometemos a María, a ejemplo de Jesucristo, nuestro único ejemplo!

Si examinamos atentamente el resto de la vida de Jesucristo, veremos que su voluntad fue comenzar sus milagros por María. Santificó a san Juan en el seno de santa Isabel, su madre; pero fue por palabra de María. Apenas ella habló, Juan fue santificado, y este fue su primer y más grande milagro de gracia. En las bodas de Caná convirtió el agua en vino, pero fue por la humilde oración de María, y este fue su primer milagro de la naturaleza. Por María comenzó y continuó sus milagros y por María los continuará hasta el fin de los siglos.

Dios Espíritu Santo, siendo estéril en Dios, es decir, no produciendo otra persona divina, se hace fecundo por María, a quien ha desposado. Es con ella, en ella y de ella que Él ha producido su obra maestra, que es un Dios hecho hombre, y continúa produciendo, diariamente y hasta el fin del mundo, a los predestinados y a los miembros del cuerpo de esa Cabeza adorable. Esta es la razón por la que Él, el Espíritu Santo, cuanto más encuentra a María, su amada e indisoluble esposa, en cualquier alma, tanto más activo y poderoso se vuelve para producir a Jesucristo en esa alma, y a esa alma en Jesucristo.

No es que podamos decir que la Santísima Virgen da al Espíritu Santo su fecundidad, como si no la tuviera Él Mismo, pues en tanto es Dios, Él tiene la misma fecundidad o capacidad de producir que el Padre y el Hijo. Solo que no la pone en práctica, pues no produce otra persona divina. Pero queremos decir que el Espíritu Santo decidió servirse de nuestra Santísima Virgen, aunque no tenía absoluta necesidad de ella, para poner en acción su fecundidad, produciendo en ella y por ella a Jesucristo y sus miembros; un misterio de gracia desconocido incluso para los más sabios y espirituales entre los cristianos.

La conducta que las Tres Personas de la Santísima Trinidad tuvieron en la Encarnación y la primera venida de Jesucristo, la tienen todavía diariamente de manera invisible en toda la Iglesia, y la mantendrán hasta la consumación de los siglos en la última venida de Jesucristo.

Dios Padre hizo un conjunto de todas las aguas y le dio el nombre de mar. Hizo un conjunto de todas sus gracias, y la llamó María. Este gran Dios tiene un riquísimo tesoro en el que ha depositado todo lo que tiene de bello, de esplendoroso, de raro y de precioso, hasta su propio Hijo; y este inmenso tesoro no es otro que María, a quien los santos han llamado Tesoro del Señor, de cuya plenitud se enriquecen todos los hombres.

Dios Hijo ha comunicado a su Madre todo lo que ha adquirido por su vida y por su muerte, sus méritos infinitos y sus virtudes admirables; y la ha hecho tesorera de todo lo que su Padre le ha dado en herencia. Por ella aplica sus méritos a sus miembros, comunica sus virtudes y distribuye sus gracias. Ella es su canal misterioso; ella es su acueducto, a través del cual hace fluir suave y abundantemente sus misericordias.

Dios Espíritu Santo ha comunicado a María, su fiel esposa, sus dones inefables; y la ha elegido para ser la dispensadora de todo lo que posee, de tal manera que distribuye a quien quiere, cuanto quiere, como quiere y cuando quiere, todos sus dones y gracias. El Espíritu Santo no da a los hombres ningún don celestial que no pase por sus manos virginales. Tal ha sido la Voluntad de Dios, que ha querido que tengamos todo en María;

de modo que ella, que se ha empequeñecido, empobrecido y escondido hasta el abismo de la nada con su profunda humildad durante toda su vida, sea ahora enriquecida y exaltada por el Altísimo. Tales son los sentimientos de la Iglesia y de los Santos Padres.

Si hablara a los librepensadores de estos tiempos, probaría lo que he dicho tan sencillamente, exponiéndolo más extensamente y confirmándolo con las Sagradas Escrituras y los Padres, citando los pasajes originales y aduciendo varias razones sólidas que pueden verse extensamente en el libro del P. Poire, *La Triple Corona de la Santísima Virgen*. Pero como me dirijo especialmente a los pobres y sencillos que, por su buena voluntad y por tener más fe que el común de los eruditos, creen más sencillamente y, por tanto, con más mérito, me contento con exponer la verdad con toda sencillez, sin dejar de citar los pasajes originales, que no entenderían. Sin embargo, sin investigar mucho, no dejaré de vez en cuando de presentar algunos de ellos. Pero sigamos ahora con nuestro tema.

Como la gracia perfecciona la naturaleza, y la gloria perfecciona la gracia, es cierto que Nuestro Señor sigue siendo, en el cielo, tan Hijo de María como lo fue en la tierra; y que, por consiguiente, ha conservado la obediencia más perfecta y la sumisión de todos los hijos hacia la mejor de todas las madres. Pero debemos tener mucho cuidado de no concebir esta dependencia como un abatimiento o una imperfección de Jesucristo.

Porque María está infinitamente por debajo de su Hijo, que es Dios, y por eso no le manda como una madre de aquí abajo mandaría a su hijo, que está por debajo de ella. María, transformada totalmente en Dios por la gracia y por la gloria que trasforma a todos los santos en Él, no pide nada, no desea nada, no hace nada que sea contrario a la voluntad eterna e inmutable de Dios. Cuando leemos, pues, en los escritos de los santos Bernardo, Buenaventura y otros que en el cielo y en la tierra todas las cosas, incluso Dios mismo, están sujetas a la Santísima Virgen, quieren decir que la autoridad que Dios ha tenido a bien concederle es tan grande, que parece como si tuviera el mismo poder que Dios y que sus oraciones y peticiones son tan poderosas ante Dios, que siempre pasan por mandamientos ante Su Majestad, que nunca se resiste a la oración de su querida Madre, porque no pide ni desea ni hace nada que sea contrario a la eterna e inmutable voluntad de Dios.

Si Moisés, con la fuerza de su oración, detuvo la cólera de Dios contra los israelitas, de una manera tan poderosa que el Altísimo e infinitamente misericordioso Señor, no pudiendo resistirle, le dijo que le dejase en paz para que pudiese enojarse y castigar a aquel pueblo rebelde, ¿qué no debemos pensar con mucha mayor razón de la oración de la humilde María, esa digna Madre de Dios, que es más poderosa con Su Majestad que las oraciones e intercesiones de todos los ángeles y santos tanto en el cielo como en la tierra?

María ordena en los cielos a ángeles y bienaventurados. En recompensa por su profunda humildad, Dios le ha dado el poder y el permiso de llenar con santos los tronos vacíos de los ángeles apóstatas que cayeron por soberbia. Tal ha sido la voluntad del Altísimo, que enaltece a los humildes, que el cielo, la tierra y el infierno se doblegan con buena o mala voluntad a los mandamientos de la humilde María, a quien ha hecho soberana del cielo y de la tierra, general de sus ejércitos, tesorera de sus tesoros, dispensadora de sus gracias, obradora de sus mayores maravillas, restauradora del género humano, mediadora de los hombres, exterminadora de los enemigos de Dios y fiel compañera de sus grandezas y triunfos.

El Padre desea tener hijos de María hasta la consumación del mundo. Le ha dicho estas palabras: *In Jacob inhabita!* —"Habita en Jacob"—; es decir, haz tu morada y tu residencia en mis hijos predestinados, prefigurados en Jacob, y no en los hijos réprobos del demonio, prefigurados en Esaú.

Así como en la generación natural y corporal de los hijos hay un padre y una madre, en la generación sobrenatural y espiritual hay un Padre, que es Dios, y una Madre, que es María. Todos los verdaderos hijos de Dios, los predestinados, tienen a Dios por Padre y a María por Madre. Quien no tiene a María por Madre, no tiene a Dios por Padre. Esta es la razón por la que los réprobos, como los herejes, los cismáticos y otros, que odian a nuestra Santísima Virgen o la miran con desprecio e indiferencia, no tienen a Dios por Padre, por mucho que se jacten de ello, sencillamente porque no tienen a María por Madre. Porque si la tuvieran por Madre, la amarían y honrarían como un verdadero y buen hijo ama y honra naturalmente a la madre que le ha dado la vida.

La señal más infalible e indudable por la que podemos distinguir a un hereje, a un hombre de mala doctrina, a un réprobo, de uno de los predestinados es que el hereje y el réprobo no sienten más que desprecio e indiferencia por la Santísima Virgen, procurando con sus palabras y ejemplos disminuir el culto y el amor a Ella, abierta o encubiertamente, y a veces con pretextos engañosos. ¡Ay! Dios Padre no ha dicho a María que habite en ellos, pues son Esaús.

Dios Hijo quiere formarse y, por así decirlo, encarnarse, cada día por su querida Madre en sus miembros, y le ha dicho: "Toma a Israel por herencia". Es como si hubiera dicho: Dios Padre me ha dado en herencia todas las naciones de la tierra, a todos los hombres buenos y malos, predestinados y réprobos. A los unos guiaré con vara de oro y a los otros, con vara de hierro. De unos seré Padre y Abogado; de los otros, Justo Castigador; y de todos seré Juez. Pero tú, querida Madre mía, tendrás por herencia y posesión solo a los predestinados, prefigurados en Israel. Como su buena Madre, los mantendrás y, como su soberana, los conducirás, gobernarás y defenderás.

"Este y aquel hombre han nacido en ella", dice el Espíritu Santo: *Homo et homo natus est in ea*. Según la explicación de algunos Padres, el primer hombre nacido de María es el Hombre-Dios, Jesucristo; el segundo es un simple hombre, hijo de Dios y de María por adopción. Si Jesucristo, la cabeza de los hombres, nace de ella, los predestinados que son los miembros de esa cabeza deben nacer también de ella por consecuencia necesaria. Una misma madre no trae al mundo la cabeza sin los miembros ni los miembros sin la cabeza, porque esto sería un monstruo de la naturaleza. Del mismo modo, en el orden de la gracia, la cabeza y los miembros son nacidos de una misma Madre, y si un miembro del cuerpo místico de Jesucristo (es decir, uno de los predestinados) naciera de otra madre que no fuese María, que ha producido la cabeza, no sería uno de los predestinados ni un miembro de Jesucristo, sino simplemente un monstruo en el orden de la gracia.

Además, siendo Jesús hoy y siempre el fruto de María (el cielo y la tierra repiten miles y miles de veces al día: "y Bendito sea el fruto de tu vientre, Jesús"), es cierto que Jesucristo es para cada hombre en particular que lo posee tan verdaderamente el fruto de la obra de María como lo es para todo el mundo en general. De modo que si alguno de los creyentes tiene a Jesucristo formado en su corazón, puede decir con valentía: "¡Todo gracias a María! ¡Lo que poseo es su efecto y su fruto, y sin ella nunca lo hubiera tenido!".

Podemos aplicarle a ella, con más razón que la que tuvo san Pablo para aplicárselas a sí mismo, estas palabras: *Quos iterum parturio donec formetur Christus in vobis* —"Doy a luz a todos los hijos de Dios, hasta que Jesucristo se forme en ellos en la plenitud de su edad"—. San Agustín, superándose a sí mismo y yendo más allá de todo lo que he dicho hasta ahora, afirma que todos los predestinados, para ser conformados a imagen del Hijo de Dios, están en este mundo ocultos en el seno de la Santísima Virgen, donde son custodiados, alimentados y criados por esa buena Madre hasta que los lleva a la gloria después de la muerte, que es propiamente el día de su nacimiento, como la Iglesia llama a la muerte de los justos. ¡Oh, misterio de la gracia, desconocido para los réprobos y poco conocido incluso para los predestinados!

Dios Espíritu Santo quiere formarse en ella y formar por ella elegidos para sí, y le ha dicho: *In electis meis mitte radices...* Echa las raíces, amada mía y esposa mía, de todas tus virtudes en mis elegidos, para que crezcan de virtud en virtud y de gracia en gracia. Me complací tanto en ti cuando vivías en la tierra en la práctica de las virtudes más sublimes, que deseo encontrarte todavía en la tierra, sin que dejes de estar en el cielo. Con este fin, reprodúcete en mis elegidos, para que pueda contemplar en ellos con complacencia las raíces de tu fe invencible, de tu profunda humildad, de tu mortificación universal, de tu oración sublime, de tu ardiente caridad, de tu firme esperanza y de todas tus virtudes. Tú eres siempre mi esposa, tan fiel, tan pura y tan fecunda como siempre. Que tu fe me dé mis fieles, tu pureza mis vírgenes, y tu fecundidad mis templos y mis elegidos.

Cuando María echa raíces en un alma, produce allí maravillas de gracia que solo ella puede producir, porque solo ella es la virgen fecunda, que nunca ha tenido ni tendrá igual en pureza y fecundidad.

María ha producido, junto con el Espíritu Santo, lo más grande que ha existido o existirá, que es un Dios-Hombre; y en consecuencia producirá lo más grande que habrá en los últimos tiempos. A ella está reservada la formación y educación de los grandes santos que vendrán al fin del mundo. Porque solo esa Virgen singular y milagrosa puede producir, en unión con el Espíritu Santo, cosas singulares y extraordinarias.

Cuando el Espíritu Santo, su Esposo, encuentra a María en un alma, vuela allí. Entra en ella en plenitud; se comunica a esa alma abundantemente y en toda la medida en que ella da cabida a su esposo. Es más, una de las grandes razones por las que el Espíritu Santo no hace ahora maravillas sorprendentes en nuestras almas es que no encuentra allí una unión suficientemente grande con su esposa fiel e indisoluble. Digo esposa indisoluble, porque desde que aquel amor substancial del Padre y del Hijo desposó a María para producir a Jesucristo, cabeza de los elegidos, y a Jesucristo en los elegidos, nunca la repudió, por cuanto siempre fue fecunda y llena de fe.

De lo que he dicho, podemos concluir, evidentemente:

Primero, que María ha recibido de Dios un gran dominio sobre las almas de los elegidos; porque no puede residir en ellas, como Dios Padre le ordenó, y formarlas en Jesucristo, o Jesucristo en ellas, y echar las raíces de sus virtudes en sus corazones y ser la compañera indisoluble del Espíritu Santo en todas sus obras de gracia. No puede, digo, hacer todas estas cosas a menos que tenga un derecho y un dominio sobre sus almas por singular gracia del Altísimo que, habiéndole dado poder sobre su Hijo único y natural, se lo ha dado también sobre sus hijos adoptivos, no solo en cuanto a sus cuerpos, que sería poca cosa, sino también en cuanto a sus almas.

María es la Reina del cielo y de la tierra por gracia, como Jesús es el Rey de ellos por naturaleza y por conquista. Ahora bien, así como el reino de Jesucristo consiste principalmente en el corazón y en el interior del hombre —según aquellas palabras: "El reino de Dios está dentro de vosotros"—, del mismo modo el reino de la Santísima Virgen está principalmente en el interior del hombre, es decir, en su alma; y es principalmente en las almas donde está más glorificada con su Hijo que en todas las criaturas visibles, y donde podemos llamarla, como hacen los santos, Reina de los corazones.

Segundo: Debemos concluir que, siendo la santísima Virgen necesaria a Dios por una necesidad que llamamos hipotética como consecuencia de su voluntad, es mucho más necesaria a los hombres para que lleguen a su último fin. No debemos confundir las devociones a la Santísima Virgen con las devociones a los demás santos, como si la devoción a Ella no fuera mucho más necesaria que la devoción a ellos, o como si la devoción a Ella fuera una cuestión de supererogación. El docto y piadoso jesuita Suárez, el erudito y devoto doctor Justo Lipsio de Lovaina y muchos otros han demostrado definitivamente, en acuerdo con los sentimientos de los Padres (y, entre otros, de san Agustín, san Efrén, diácono de Edesa, san Cirilo de Jerusalén, san Germán de Constantinopla, san Juan Damasceno, san Anselmo, san Bernardo, san Bernardino, santo Tomás y san Juan de Jerusalén), que la devoción a la Santísima Virgen es necesaria para la salvación y que, incluso en opinión de Ecolampadio y algunos otros herejes, es una marca infalible de reprobación no tener estima y amor por la santa Virgen; mientras que por otro lado es una marca infalible de predestinación ser total y verdaderamente devoto de ella.

Las figuras y las palabras del Antiguo y del Nuevo Testamento lo demuestran. Los sentimientos y ejemplos de los santos lo confirman. La razón y la experiencia lo enseñan y demuestran. Incluso el demonio y sus seguidores, constreñidos por la fuerza de la verdad, se han visto obligados a menudo a confesarlo a su pesar. Entre todos los pasajes de los santos Padres y doctores, de los que he hecho una amplia colección, para probar esta verdad, por brevedad solo citaré uno: *Tibi devotum esse, est arma quœdam salutis quœ Deus his dat, quos vult salvos fieri*, es decir, "Ser devoto de ti, oh, Virgen santa", dice san Juan Damasceno, "es un arma de salvación que Dios da a aquellos a quienes quiere salvar". Podría citar aquí muchas historias que prueban lo mismo, y, entre otras, una que se relata en las crónicas de santo Domingo. Había un infeliz herético cerca de Carcasona, donde santo Domingo predicaba el rosario, que estaba poseído por una legión de quince mil demonios. Estos espíritus malignos se vieron obligados, para su confusión, por el mandamiento de la Santísima Virgen, a confesar muchas verdades grandes y consoladoras a propósito de la devoción a la santa Virgen y lo hicieron con tanta fuerza y tanta claridad, que no es posible leer esta auténtica historia y el panegírico que el demonio hizo, a pesar suyo, de la devoción a María Santísima, sin derramar lágrimas de alegría, por tibios que seamos en nuestra devoción a ella.

Si la devoción a la Santísima Virgen María es necesaria a todos los hombres simplemente para obrar su salvación, lo es aún más para aquellos que están llamados a alguna perfección particular; y no creo que nadie pueda adquirir una unión íntima con Nuestro Señor y una perfecta fidelidad a la Santa Trinidad, sin una unión muy grande con la Santísima Virgen y una gran dependencia de su socorro.

Solo María ha hallado la gracia ante Dios, sin ayuda de ninguna otra criatura; solo por ella la han hallado todos los que han hallado la gracia ante Dios; y solo por ella la hallarán todos los que vengan después. Estaba llena de gracia cuando fue saludada por el Arcángel Gabriel y fue sobreabundantemente colmada de gracia por el Espíritu Santo cuando la cubrió con su sombra indecible; y ha aumentado de tal modo, de día en día y de momento en momento, esta doble plenitud, que ha llegado a un punto de gracia inmenso e inconcebible, de tal manera que el Altísimo la ha hecho la única tesorera de sus tesoros y la única dispensadora de sus gracias, para ennoblecer, exaltar y enriquecer a quien ella quiera; para dar la entrada a quien ella quiera en el estrecho camino de la salud; para pasar a quien ella quiera, y a pesar de todos los obstáculos, por la puerta estrecha de la vida; y para dar el trono, el cetro y la corona del Rey a quien ella quiera. Jesús es en todas partes y siempre el fruto y el Hijo de María; y María es en todas partes el verdadero árbol que lleva el fruto de la vida y la verdadera Madre que lo produce.

Solo a María ha dado Dios las llaves de los sótanos del amor divino y el poder de entrar en los caminos más sublimes y secretos de los más sublimes y secretos de la perfección, y el poder de hacer que otros entren también en ellos. Solo María ha dado a los miserables hijos de Eva, los faltos de fe, la entrada en el paraíso terrenal, para que puedan caminar allí de acuerdo con Dios, se oculten allí con seguridad contra sus enemigos y se alimenten allí deliciosamente, sin más temor a la muerte, con el fruto de los árboles de la vida y del conocimiento del bien y del mal, y beban a largos sorbos las aguas celestiales de aquella hermosa fuente, que allí mana con abundancia; o más bien ella misma es aquel paraíso terrestre, aquella tierra virgen y bendita de la que Adán y Eva, los pecadores, fueron expulsados, y no da entrada en ella sino a aquellos a quienes quiere hacer santos.

Todos los afortunados del mundo, para utilizar una expresión del Espíritu Santo, según la explicación de san Bernardo, suplicarán ante tu rostro en todo momento y particularmente en el fin del mundo; es decir, los grandes santos, las almas más ricas en gracias y virtudes, serán los más asiduos en rezar a la Santísima Virgen y en tenerla siempre presente como su perfecto modelo a imitar y su poderoso auxilio para darles socorro.

He dicho que esto sucedería particularmente en el fin del mundo, y de hecho pasa en nuestros días, porque el Altísimo con su Santa Madre tiene que formar para sí mismo grandes santos, que superarán en santidad a la mayoría de los demás santos, tanto como los cedros del Líbano superan a los pequeños arbustos, como le ha sido revelado a un alma santa, cuya vida ha sido escrita por un gran siervo de Dios.

Estas grandes almas, llenas de gracia y de celo, serán elegidas para luchar contra los enemigos de Dios, que harán estragos por todas partes; y serán singularmente devotas de la Santísima Virgen, iluminadas por su luz, alimentadas por su leche, guiadas por su espíritu, sostenidas por su brazo y cobijadas bajo su protección, de modo que lucharán con una mano y construirán con la otra. Con una mano combatirán, derrocarán y aplastarán a los herejes con sus herejías, a los cismáticos con sus cismas, a los idólatras con sus idolatrías y a los pecadores con sus impiedades. Con la otra mano edificarán el verdadero templo de Salomón y la ciudad mística de Dios; es decir, la Santísima Virgen, llamada por los santos Padres el templo de Salomón y la ciudad de Dios. Con sus palabras y sus ejemplos inclinarán al mundo entero a la verdadera devoción a María. Esto les acarreará muchos enemigos, pero también muchas victorias y mucha gloria solo para Dios. Esto es lo que Dios reveló a san Vicente Ferrer, el gran apóstol de su tiempo, como lo ha hecho notar suficientemente en una de sus obras.

Es esto lo que el Espíritu Santo parece haber profetizado en el Salmo 58 de la Biblia Sacra Vulgata, que corresponde al Salmo 59 de la numeración actual, del que estas son las palabras: *Et scient quia Dominus dominabitur Jacob, et finium terrae. Convertentur ad vesperam, et famem patientur ut canes: et circuibunt civitatem*, que quiere decir: "Entonces se sabrá que Dios reina en Jacob y hasta los confines de la tierra. Que a la tarde regresen, que ladren como perros, que anden dando vueltas por la ciudad".

Esta ciudad que los hombres encontrarán al fin del mundo para convertirse en ella y saciar el hambre que tienen de justicia es la Santísima Virgen, a la que el Espíritu Santo llama la Ciudad de Dios.

Es por María que la salvación del mundo ha comenzado, y es por María consumada. María apenas ha aparecido en la primera venida de Jesucristo, para que los hombres, todavía poco instruidos y esclarecidos sobre la persona de su Hijo, no se apartasen de Él, apegándose demasiado fuerte y groseramente a ella. Esto habría sucedido aparentemente, si ella hubiera sido conocida, debido a los admirables encantos que el Altísimo había concedido incluso a su exterior. Esto es tan cierto que san Dionisio Areopagita nos ha informado en sus escritos que cuando vio a nuestra Santísima Señora, debería haberla tomado por una Divinidad, a consecuencia de sus secretos encantos e incomparable belleza, si la Fe en la que estaba bien establecido no le hubiera enseñado lo contrario. Pero en la segunda venida de Jesucristo, María tiene que ser dada a conocer y revelada por el Espíritu Santo, para que por ella Jesucristo sea conocido, amado y servido. Las razones que movieron al Espíritu Santo a ocultar a su esposa durante su vida, y a revelarla muy poco desde la predicación del Evangelio, ya no subsisten.

Dios, pues, quiere revelar y descubrir a María, la obra maestra de sus manos, en estos últimos tiempos:

1. Porque ella se escondió en este mundo, y se puso más baja que el polvo por su profunda humildad, habiendo obtenido de Dios y de sus apóstoles y evangelistas no manifestarse.

2. Porque, siendo la obra maestra de las manos de Dios, tanto aquí abajo por la gracia como en el cielo por la gloria, Él desea ser glorificado y alabado en ella por los que viven sobre la tierra.

3. Como ella es la aurora que precede y descubre al Sol de justicia, que es Jesucristo, debe ser reconocida y percibida para que Jesucristo lo sea.

4. Siendo el camino por el que Jesucristo vino a nosotros la primera vez, ella será también el camino por el que Él vendrá la segunda vez, aunque no de la misma manera.

5. Siendo el medio seguro y el camino recto e inmaculado para ir a Jesucristo y encontrarle perfectamente, es ella por quien las almas santas, que han de resplandecer especialmente en santidad, han de encontrar a Nuestro Señor. Quien encuentre a María encontrará la vida, es decir, a Jesucristo, que es el camino, la verdad y la vida. Pero nadie puede encontrar a María si no la busca y nadie que no la busque la puede conocer, porque no podemos buscar o desear un objeto desconocido. Es

para mayor conocimiento y gloria de la Santísima Trinidad que María sea más conocida que nunca.

6. María debe brillar más que nunca en misericordia, en poder y en gracia en estos últimos tiempos: en misericordia, para hacer volver y acoger amorosamente a los pobres pecadores extraviados que serán perdonados y volverán a la Iglesia católica; en poder, contra los enemigos de Dios, idólatras, cismáticos, mahometanos, judíos y almas perseguidas en la impiedad, que se levantarán en terrible rebelión contra Dios para seducir a todos los que les sean contrarios y hacerlos caer con promesas y amenazas; y, finalmente, en gracia, para animar y sostener a los valientes soldados y fieles servidores de Jesucristo, que batallarán por sus intereses.

7. Y, por último, María debe ser terrible para el diablo y sus secuaces, como un ejército en batalla, principalmente en estos últimos tiempos, porque el diablo sabe que tiene poco tiempo, y ahora menos que nunca, para destruir almas. Cada día redoblará sus esfuerzos y sus combates. Pronto suscitará nuevas persecuciones y pondrá terribles trampas ante los siervos fieles y verdaderos hijos de María, a quienes les cuesta más trabajo vencer que a los demás.

Es principalmente de estas últimas y crueles persecuciones del demonio que irán aumentando cada día más hasta el reinado del Anticristo, que debemos entender aquella primera y celebrada predicción y maldición de Dios, pronunciada en el Paraíso terrestre contra la serpiente. Es nuestro propósito explicarlo aquí para gloria de la Santísima Virgen, salvación de sus hijos y confusión del demonio.

Inimicitias ponam inter te et mulierem, et semen tuum et semen illius: ipsa conteret caput tuum, et tu insidiaberis calcaneo ejus (Gen 3, 15. Vulgata), que significa: "Haré que haya enemistad entre ti y la mujer, entre tu descendencia y la suya. Ella te pisará la cabeza mientras tú herirás su talón" (Gen 3, 15. Biblia Latinoamericana). Dios ha hecho y formado una enemistad irreconciliable que durará y se desarrollará hasta el fin. Es esa que existe entre María, su digna Madre, y el demonio —entre los hijos y siervos de la Bienaventurada Virgen y los hijos e instrumentos de Lucifer—. El más terrible de todos los enemigos que Dios ha levantado contra el demonio es su Santa Madre, María. Él la ha inspirado, incluso desde los días del Paraíso terrenal, aunque entonces solo existía en su idea, con tanto odio contra ese maldito enemigo de Dios, con tanta industria en desvelar la malicia de esa vieja serpiente, con tanto poder para conquistar, derrocar y aplastar a ese orgulloso rebelde impío, que él le teme no solo más que a todos los ángeles y hombres, sino en cierto sentido más que a Dios mismo. No es que la ira, el odio y el poder de Dios no sean infinitamente mayores que los de la Santísima Virgen, pues las perfecciones de María son limitadas, sino porque, en primer lugar, Satanás, siendo orgulloso, sufre infinitamente más al ser vencido y castigado por una pequeña y humilde sierva de Dios, y su humildad le humilla más que el poder divino; y, en segundo lugar, porque Dios ha dado a María un poder tan grande contra los demonios que, como muchas veces se han visto obligados a confesar, a pesar suyo, por boca de los endemoniados, temen más uno de sus suspiros por un alma que las oraciones de todos los Santos y una de sus amenazas contra ellos más que todos los demás tormentos.

Lo que Lucifer ha perdido con el orgullo, María lo ha ganado con la humildad. Lo que Eva ha condenado y perdido con la desobediencia, María lo ha salvado con la obediencia. Eva, obedeciendo a la serpiente, ha destruido a todos sus hijos junto con ella y se los ha entregado; María, siendo perfectamente fiel a Dios, ha salvado a todos sus hijos y siervos junto con ella y los ha consagrado a su majestad.

Dios no ha establecido una enemistad, sino varias enemistades, no solo entre María y el demonio, sino también entre la raza de la Santa Virgen y la raza del demonio; es decir, Dios ha establecido enemistades, antipatías y odios secretos entre los verdaderos hijos y siervos de María, y los hijos y siervos del demonio. No se aman mutuamente. No tienen correspondencia interna entre sí. Los hijos de Belial, los esclavos de Satanás, los amigos del mundo (pues es lo mismo) han perseguido siempre hasta ahora a los que pertenecen a la Santísima Virgen, y en el futuro los perseguirán más que nunca; como antiguamente Caín y Esaú, figuras de los réprobos, persiguieron a sus hermanos Abel y Jacob, figuras de los predestinados. Pero la humilde María tendrá siempre la victoria sobre ese espíritu orgulloso, y una victoria tan grande que llegará hasta el extremo de aplastar su cabeza, donde habita su orgullo. Ella siempre descubrirá la malicia de la serpiente. Ella siempre contrarrestará sus minas infernales y disipará sus diabólicos consejos, y protegerá hasta el fin de los tiempos a sus fieles de su cruel garra. Pero el poder de María sobre todos los demonios se desatará especialmente en los últimos tiempos, cuando Satanás ponga sus trampas contra su talón, es decir, contra sus humildes esclavos humildes y sus pobres hijos, a quienes levantará para hacerle la guerra. Serán pequeños y pobres en la estima del mundo, y humillados ante todos, pisoteados y perseguidos como el calcañar por los demás miembros del cuerpo. Pero a cambio de esto serán ricos en la gracia de Dios, que María les distribuirá en abundancia. Serán grandes y exaltados ante Dios en santidad, superiores a todas las demás criaturas por su celo animado, y apoyándose tan fuertemente en el socorro divino, que, con la humildad de un talón, en unión con María, aplastarán la cabeza del demonio, y harán triunfar a Jesucristo.

En una palabra, Dios desea que su Santa Madre sea actualmente más conocida, más amada y más honrada de lo que nunca ha sido. Esto sucederá, sin duda, si los predestinados entran, con la gracia y la luz del Espíritu Santo, en la práctica interior y perfecta que les revelaré en breve. Entonces podrán ver con claridad, en la medida en que la fe se los permita, esa hermosa Estrella del Mar. Llegarán felizmente al puerto siguiendo su guía, a pesar de las plagas y de los piratas. Conocerán las grandezas de esa Reina y se consagrarán enteramente a su servicio, como súbditos y esclavos de amor. Experimentarán sus dulzuras y sus bondades maternales, y la amarán tiernamente como a hijos bien amados. Conocerán las misericordias de que está llena y la necesidad que tienen de su socorro; y recurrirán a ella en todas las cosas, como a su querida abogada y mediadora con Jesucristo. Sabrán cuál es el medio más seguro, fácil, corto y perfecto para ir a Jesucristo y se entregarán a María en cuerpo y alma, sin reservas, para ser así todo para Jesucristo.

Pero ¿quiénes serán esos siervos, esclavos e hijos de María? Serán el fuego ardiente de los ministros del Señor, que encenderán por doquier el fuego del amor divino, y *sicut sagittæ in manu potentis*, es decir, como flechas afiladas en la mano de la poderosa María para atravesar a sus enemigos. Serán los hijos de Leví, bien purificados por el fuego de la gran tribulación y estrechamente adheridos a Dios, que llevarán el oro del amor en el corazón, el incienso de la oración en el espíritu y la mirra de la mortificación en el cuerpo. Y serán en todas partes el buen olor de Jesucristo para los pobres y los pequeños, mientras que serán olor de muerte para los grandes, los ricos y los orgullosos del mundo.

Serán nubes que truenan y vuelan por los aires al menor soplo del Espíritu Santo que, sin apegarse a nada, sin asombrarse de nada, sin afligirse por nada, derramarán la lluvia de la Palabra de Dios y la vida eterna. Tronarán contra el pecado, arremeterán contra el mundo, golpearán al demonio y a sus tropas, y golpearán más y más, para vida o para muerte, con su espada de dos filos de la Palabra de Dios, a todos aquellos a quienes sean enviados por el Altísimo.

Serán los verdaderos apóstoles de los últimos tiempos, a quienes el Señor de los Ejércitos dará la palabra y el poder de obrar maravillas y de llevarse la gloria de los despojos de sus enemigos. Dormirán sin oro ni plata, y, lo que es más, sin cuidado, en medio de los demás sacerdotes, eclesiásticos y clérigos. Y sin embargo tendrán el plateado aliento de la paloma para ir, con la pura intención de la gloria de Dios y la salvación de las almas, adondequiera que el Espíritu Santo los llame. Tampoco dejarán tras de sí, en los lugares donde han predicado, ninguna cosa sino el oro de la caridad, que es el cumplimiento de toda la ley. En pocas palabras, serán verdaderos discípulos de Jesucristo que, marchando tras las huellas de su pobreza, humildad, desprecio del mundo y caridad, enseñarán el camino recto de Dios en la pura verdad, según el santo Evangelio, y no de acuerdo con las máximas del mundo, sin dolerse de las cosas, ni de las personas, sin escatimar, temer ni escuchar a ningún mortal por influyente que sea. Tendrán en la boca la espada de dos filos de la Palabra de Dios. Llevarán sobre sus hombros el estandarte sangriento de la cruz, el crucifijo en su mano derecha y el rosario en la izquierda, los nombres sagrados de Jesús y María en el corazón, y la modestia y mortificación de Jesucristo en su comportamiento. Estos son los grandes hombres que vendrán. Pero María estará allí por orden del Altísimo, para extender su imperio sobre el de los impíos y los idólatras. Pero ¿cuándo y cómo será esto? Solo Dios lo sabe. A nosotros nos toca callar, orar, suspirar y esperar.

II. Discernimiento de la verdadera devoción a Nuestra Bienaventurada Señora

Habiendo dicho hasta aquí algo de la necesidad que tenemos de la devoción a la Santísima Virgen, debo mostrar ahora en qué consiste esta devoción. Esto lo haré, con la ayuda de Dios, después de exponer primero algunas verdades fundamentales, que arrojarán luz sobre esa gran y sólida devoción que deseo revelar.

Primera Verdad: Jesucristo, nuestro Salvador, verdadero Dios y verdadero Hombre, debe ser el fin último de todas nuestras demás devociones, pues de lo contrario son falsas y engañosas. Jesucristo es el *alpha* y el *omega*, el principio y el fin de todas las cosas. No trabajamos, como dice el apóstol, sino para que todo hombre sea perfecto en Jesucristo; porque solo en Él habita toda la plenitud de la Divinidad, junto con todas las demás plenitudes de gracias, virtudes y perfecciones; porque solo en Él hemos sido bendecidos con toda bendición espiritual; y porque Él es nuestro único Maestro, que tiene que enseñarnos; nuestro único Señor, de quien debemos depender; nuestra única Cabeza, a quien debemos petenecer; nuestro único Modelo, a quien debemos conformarnos; nuestro único Médico, que puede curarnos; nuestro único Pastor, que puede alimentarnos; nuestro único Camino, que puede conducirnos; nuestra única Verdad, que puede hacernos crecer; nuestra única Vida, que puede animarnos; nuestro único todo en todo, que nos basta. No se ha dado nombre bajo el cielo, salvo el nombre de Jesús, por el que podamos ser salvados. Dios no ha puesto otro fundamento de nuestra salvación, de nuestra perfección y de nuestra gloria, sino Jesucristo. Todo edificio que no esté construido sobre esa roca firme está fundado sobre arena movediza y tarde o temprano caerá infaliblemente. Todo creyente que no esté unido a Él, como el sarmiento a la cepa de la vid, caerá, se marchitará y solo será apto para ser arrojado al fuego. Si estamos en Jesucristo y Jesucristo en nosotros, no tenemos ninguna condenación que temer. Ni los ángeles del cielo, ni los hombres de la tierra, ni los demonios del infierno, ni alguna otra criatura, pueden dañarnos; porque no pueden separarnos del amor de Dios que está en Jesucristo. Por Jesucristo, con Jesucristo, en Jesucristo, podemos hacer todas las cosas, podemos rendir todo honor y toda gloria al Padre en la unidad del Espíritu Santo, podemos llegar a ser perfectos nosotros mismos y ser para nuestro prójimo un buen olor de vida eterna.

Si, pues, establecemos la sólida devoción a la Santísima Virgen, es solo para establecer más perfectamente la devoción a Jesucristo, y para proponer un medio fácil y seguro de encontrar a Jesucristo. Si la devoción a la Virgen nos alejara de Jesucristo, deberíamos rechazarla como una ilusión del demonio; pero, por el contrario, lejos de ser así, nada hace que la devoción a la Virgen sea más necesaria para nosotros, como ya he demostrado y demostraré más adelante, que es el medio de encontrar perfectamente a Jesucristo, de amarle tiernamente y de servirle fielmente.

Me dirijo aquí un momento a ti, oh, mi dulce Jesús, para quejarme amorosamente a tu divina majestad de que la mayor parte de los cristianos, incluso los más doctos, no conocen la unión que hay entre tu Santa Madre y tú. Tú, Señor, estás siempre con María y María está siempre contigo, y ella no puede sin Ti, pues de lo contrario dejaría de ser lo que es. Está tan transformada en ti por la gracia que ya no vive, que es como si no existiera. Eres tú, Jesús mío, que vives y existes en ella más perfectamente que en todos los ángeles y los bienaventurados. Ah, si supiéramos la gloria y el amor que recibes en esta admirable criatura, tendríamos pensamientos muy diferentes tanto de ti como de ella. Ella está tan íntimamente unida a ti, que sería más fácil separar la luz del sol, el calor del fuego. Digo más: sería más fácil separar de ti a todos los ángeles y a los santos que a la divina María, porque ella te ama más ardientemente y te glorifica más perfectamente que todas las demás criaturas juntas.

Después de esto, mi dulce Maestro, ¿no es asombrosamente lamentable ver la ignorancia y la oscuridad de todos los hombres aquí abajo con respecto a tu Santa Madre? No hablo tanto de los idólatras y de los paganos, que, no conociéndote, no se preocupan de conocerte; ni siquiera hablo de los herejes y de los cismáticos, que no se preocupan de ser devotos de tu Santa Madre, separados como están de ti y de tu santa Iglesia. Hablo de los cristianos católicos, y aun de los doctos entre los católicos, que hacen profesión de enseñar verdades a otros, y sin embargo no te conocen a Ti ni a tu Santa Madre, sino de un modo especulativo, seco, estéril e indiferente. Estos doctores no hablan sino raramente de tu Santa Madre y de la devoción que debemos tenerle, porque temen, según dicen, que abusemos de ella y que te hagamos algún daño al honrar tanto a tu Santa Madre. Si ven u oyen a algún devoto de nuestra Santísima Señora, que hable muchas veces de su devoción a esa buena Madre de una manera tierna, fuerte y persuasiva, como de un medio seguro sin engaño, como de un camino corto sin peligro, como de un camino inmaculado sin imperfección, y como de un secreto maravilloso para encontrarte y amarte perfectamente, gritan en su contra y le dan mil razones falsas para probarle que no debe hablar tanto de la Santísima Virgen, que hay grandes abusos en esa devoción y que debemos dirigir nuestras energías a destruir esos abusos y a hablar de ti, más que a inclinar al pueblo a la devoción de la Santísima Virgen, a quien ya ama suficientemente.

A veces oímos hablar de la devoción a tu Santa Madre, no para establecerla y persuadir a los hombres a ella, sino para destruir los abusos que se hacen de ella, mientras que todo el tiempo estos maestros carecen de piedad o tierna devoción hacia ti mismo, simplemente porque no tienen ninguna por María. Consideran el rosario, el escapulario y la coronilla como devociones propias de mentes débiles e ignorantes, y sin las cuales los hombres pueden salvarse; y si cae en sus manos algún pobre devoto de Nuestra Señora, que reza su rosario o tiene cualquier otra práctica de devoción hacia ella, pronto le cambian el traje y el corazón. En lugar del rosario, le aconsejan los siete Salmos Penitenciales. En lugar de la devoción a la Santa Virgen, le aconsejan la devoción a Jesucristo.

Oh, mi dulce Jesús, ¿tienen estas personas tu espíritu? ¿Te complacen al obrar así? ¿Es complacerte escatimar un solo esfuerzo para complacer a tu Madre por temor a que con ello te desagrade? ¿La devoción a tu Santa Madre impide la devoción a ti mismo? ¿Es que se atribuye a sí misma el honor que le tributamos? ¿Es que ella se hace un lado aparte? ¿Es que ella es una extraña, que no tiene unión contigo? ¿Te desagrada que tratemos de complacerla? ¿Es separarnos o alejarnos de tu amor el entregarnos a ella y amarla? Sin embargo, mi dulce Maestro, la mayor parte de los doctos no podrían rehuir más la devoción a tu Santa Madre, y no podrían mostrar más indiferencia hacia ella, si todo lo que acabo de decir fuera verdad. Guárdame, Señor, de sus sentimientos y de sus prácticas, y hazme partícipe de los sentimientos de gratitud, estima, respeto y amor que tú tenías para con tu Santa Madre, a fin de que, imitándote y siguiéndote más de cerca, pueda amarte y glorificarte tanto más.

Así, pues, como hasta aquí nada había dicho todavía en honor de tu Santa Madre, dame ahora la gracia de venerarla dignamente: *Fac me digne tuam Matrem collaudare*, a pesar de todos sus enemigos, que también son tuyos; y concédeme que diga en voz alta con los santos. *Non præsumat aliquis Deum se habere propitium, qui benedictam Matrem offensam habuerit*: "Que no presuma de buscar la misericordia de Dios quien ofende a su Santa Madre". Para obtener de tu merced una verdadera devoción a tu Santa Madre y para inspirarla a toda la tierra, haz que te ame ardientemente; y para ello recibe la ardiente oración que te hago con san Agustín y tus verdaderos amigos:

Tu es Christus, pater meus sanctus, Deus meus pius, rex meus magnus, pastor meus bonus, magister meus unus, adjutor meus optimus, dilectus meus pulcherrimus, panis meus vivus, sacerdos meus in æternum, dux meus ad patriam, lux mea vera, dulcedo mea sancta, via mea recta, sapientia mea præclara, simplicitas mea pura, concordia mea pacifica, custodia mea tota, portio mea bona, salus mea sempiterna…

Christe Jesu, amabilis Domine, cur amavi, quare concupivi in omni vita mea quidquam præter te Jesum Deum meum? Ubi eram quando tecum mente non eram? Jam ex hoc nunc, omnia desideria mea, incalescite et effluite in Dominum Jesum; currite, satis hactenus tardastis; properate, quo pergitis; quærite quam quæritis. Jesu, qui non amat te, anathema sit; qui te non amat, amaritudinibus repleatur...

O dulcis Jesu, te amet, in te delectetur, te admiretur omnis sensus bonus tuæ conveniens laudi; Deus cordis mei et pars mea, Christe Jesu, deficiat cor meum spiritu suo, et vivas tu in me, et concalescat spiritu meo vivus carbo amoris tui, et excrescat in ignem perfectum, ardeat jugiter in ara cordis mei, ferveat in medullis meis, flagret in absconditis animæ meæ; in die consummationis meæ consummatus inveniar apud te... Amen.

He querido referir en latín esta admirable oración de san Agustín, para que los que entiendan esta lengua, la digan todos los días, para pedir el amor de Jesús que buscamos a través de la divina María.

Con el propósito de asistir a los fieles que no comprenden latín, ofrecemos a continuación una traducción:

Tú, Cristo, mi Padre santo, mi tierno Dios, mi gran rey, mi buen pastor, mi único maestro, mi mejor auxiliador, mi hermosísimo y mi amado, mi pan vivo, mi sacerdote para siempre, mi guía a mi patria, mi verdadera luz, mi santa dulzura, mi recto camino, mi excelente sabiduría, mi pura sencillez, mi pacífica armonía, mi entera guardia, mi valioso patrimonio, mi eterna salvación.

Cristo Jesús, dulce Señor, ¿por qué he amado alguna vez, por qué en toda mi vida he deseado alguna cosa excepto a Ti, Jesús, mi Dios? ¿Dónde estaba yo cuando no estaba en tu mente contigo? Ahora, a partir de este momento, todos mis deseos se calientan y fluyen hacia el Señor Jesús; corran, han sido tardíos hasta ahora; apresúrense a donde van; busquen a quien buscáis. Oh, Jesús, que no sea anatema el que te ama; que no se llene de amargura el que te ama.

Oh, dulce Jesús, ¡que todo buen corazón que se preste a tu alabanza te ame, se deleite en ti, te admire, Dios de mi corazón y mi tierra! ¡Cristo Jesús, que mi corazón desfallezca en espíritu y que tú seas mi vida dentro de mí! Que la brasa de tu amor se caliente dentro de mi espíritu, y prenda en un fuego perfecto; que arda incesantemente en el altar de mi corazón; que resplandezca en lo más íntimo de mi ser; que arda en los recovecos ocultos de mi alma; y que en el día de mi consumación sea yo consumado contigo. ¡Amén!

Segunda Verdad. Debemos deducir de lo que Jesucristo es con respecto a nosotros, que no nos pertenecemos a nosotros mismos, sino que, como dice el Apóstol, somos enteramente suyos, como sus miembros y sus esclavos, a quienes Él ha comprado a un precio infinitamente caro, el precio de toda su sangre. Antes del bautismo pertenecíamos al diablo, como esclavos suyos; pero el bautismo nos ha hecho verdaderos esclavos de Jesucristo, que no tenemos derecho a vivir, a trabajar ni a morir, sino para dar fruto a ese Dios-Hombre, para glorificarle en nuestros cuerpos y dejarle reinar en nuestras almas, porque somos su conquista, su pueblo adquirido y su herencia. Es por la misma razón que el Espíritu nos compara: 1) con árboles plantados junto a las aguas de la gracia en el campo de la Iglesia, que deben dar su fruto a su tiempo; 2) con los sarmientos de una vid de la que Jesucristo es la cepa y que debe dar buenas uvas; 3) con un rebaño cuyo pastor es Jesucristo, que se multiplica y da leche; 4) con una buena tierra, de la que Dios es el labriego, en la que la semilla se multiplica y produce treinta, sesenta y cien veces. Jesucristo maldijo a la higuera infructuosa y sentenció contra el siervo inútil, que no había sacado ningún provecho de su talento. Todo esto nos demuestra que Jesucristo desea recibir algunos frutos de nuestro miserable ser, es decir, de nuestras buenas obras, porque estas le pertenecen solo a Él: *Creati in operibus bonis in Christo Jesu* —"Creado en buenas obras en Cristo Jesús"—, palabras que demuestran que Jesucristo es el único principio y debe ser el único fin de todas nuestras buenas obras, y también que debemos servirle, no como siervos asalariados, sino como esclavos del amor. Me explicaré:

Aquí en la tierra hay dos maneras de pertenecer a otro y de depender de su autoridad, a saber, el simple servicio y la esclavitud, lo que entendemos por un siervo y lo que entendemos por un esclavo.

Por servicio común entre los cristianos, un hombre se compromete a servir a otro durante cierto tiempo a cambio de un determinado salario o recompensa.

Por la esclavitud, un hombre depende enteramente de otro durante toda su vida y debe servir a su amo sin pretender ningún salario o recompensa, igual que una de sus bestias, sobre las que tiene derecho de vida y muerte.

Hay tres clases de esclavitud: la esclavitud de la naturaleza, la esclavitud de la coacción y la esclavitud de la voluntad. Todas las criaturas son esclavas de Dios en el primer sentido: *Domini est terra et plenitudo ejus* —"Del Señor es la tierra y su plenitud"—. Los demonios y los condenados son esclavos en el segundo sentido; los justos y los santos en el tercero. La esclavitud de la voluntad es la más gloriosa para Dios, que mira al corazón, reclama el corazón y se llama a sí mismo el Dios del corazón, es decir, de la voluntad amorosa, porque por esa esclavitud elegimos a Dios y a su servicio por encima de todas las cosas, aunque la naturaleza no nos obligue a ello.

Hay toda una diferencia entre un siervo y un esclavo: 1) El siervo no da todo lo que es, todo lo que tiene y todo lo que puede adquirir por sí mismo o por otro, a su amo; pero el esclavo se entrega entero a su amo, con todo lo que tiene y todo lo que puede ganar, sin excepción alguna. 2) El siervo exige un salario por los servicios que presta a su amo, pero el esclavo no puede exigir nada, sea cual fuere la asiduidad, la laboriosidad o la energía que ponga en su trabajo. 3) El siervo puede dejar a su amo cuando le plazca, o al menos cuando expire el tiempo de su servicio; pero el esclavo no tiene derecho a dejar a su amo a su voluntad. 4) El amo del siervo no tiene derecho de vida y muerte sobre él, de modo que, si lo matase como a una de sus bestias de carga, cometería un homicidio injusto; pero el amo del esclavo tiene por ley derecho de vida y muerte sobre él, de modo que puede venderlo a quien quiera o matarlo, como si estuviese al mismo nivel que uno de sus caballos. 5) Por último, el siervo está solo por un tiempo al servicio de su amo; el esclavo lo está para siempre.

No hay nada entre los hombres que nos haga pertenecer a otro más que la esclavitud. No hay nada entre los cristianos que nos haga pertenecer más absolutamente a Jesucristo y a su Santa Madre que la esclavitud de la voluntad, según el ejemplo del mismo Jesucristo, que tomó sobre sí la forma de esclavo por amor, según el ejemplo también de la santa Virgen, que es llamada sierva y esclava del Señor. El Apóstol se llama a sí mismo, como por un título de honor, *Servus*

Christi —"El esclavo de Cristo"—. Los cristianos son llamados a menudo en las Sagradas Escrituras como "esclavos de Cristo" y un gran hombre ha observado verdaderamente que la palabra *servus* en los viejos tiempos refería nada más que un esclavo, porque no había sirvientes entonces como los de la actualidad. Los amos solo eran servidos por esclavos o por libertos. Esto es lo que el catecismo del santo Concilio de Trento, para no dejar ninguna duda sobre nuestro ser de esclavos de Jesucristo, expresa con un término inequívoco, al llamarnos *Mancipia Christi* —literalmente, "Esclavos de Jesucristo"—.

Sentada esta premisa, digo que debemos ser de Jesucristo y servirle no solo como siervos mercenarios, sino como esclavos amorosos que, por efecto de un gran amor, se entregan a servirle en calidad de esclavos por el simple honor de pertenecerle. Antes del bautismo éramos esclavos del diablo. El bautismo nos hizo esclavos de Jesucristo: los cristianos tienen que ser o esclavos del diablo o esclavos de Jesucristo.

Lo que digo absolutamente de Jesucristo, lo digo relativamente de la Santísima Virgen. Jesucristo, habiéndola elegido por compañera inseparable de su vida, de su muerte, de su gloria y de su poder en el cielo y en la tierra, le ha dado por gracia relativamente a su majestad todos los mismos derechos y privilegios que Él posee por naturaleza. *Quidquid Deo convenit per naturam, Mariæ convenit per gratiam*: "Todo lo que conviene a Dios por naturaleza conviene a María por gracia", dicen los santos; de modo que, según ellos, teniendo María y Jesús la misma voluntad y el mismo poder, los dos tienen los mismos súbditos, siervos y esclavos.

Podemos, pues, siguiendo el sentir de los santos y de muchos grandes hombres, llamarnos y hacernos esclavos amorosos de la Santísima Virgen, para ser por ese mismo medio más perfectamente esclavos de Jesucristo. La Santísima Virgen es el medio del que se valió el Señor para venir a nosotros. Ella es también el medio del que debemos valernos para ir a Él. Porque Ella no es como todas las demás criaturas. Si nos uniéramos a ellas, más bien nos alejarían de Dios. La inclinación más fuerte de María es unirnos a Jesucristo, su Hijo, y la inclinación más fuerte del Hijo es que vayamos a Él por medio de su Santa Madre. Es para honrarle y agradarle, como sería honrar y complacer a un rey, convertirnos más perfectamente en su súbdito y su esclavo, haciéndonos esclavos de la reina. Por eso decían los santos Padres, y después de ellos san Buenaventura, que la Virgen era el camino para ir a Nuestro Señor: *Via veniendi ad Christum est appropinquare ad illam*.

Además, si, como he dicho, la santa Virgen es la Reina y Soberana del cielo y de la tierra, ¿no es cierto lo que han dicho san Anselmo, san Bernardo y san Buenaventura, esto es, que ella tiene tantos súbditos y esclavos como criaturas? *Imperio Dei omnia subjiciuntur, et*

Virgo; ecce imperio Virginis omnia subjiciuntur, et Deus. ¿No es razonable que, entre muchos esclavos de coacción, haya algunos de amor que, por su propia voluntad, en calidad de esclavos, elijan a María por señora? ¿Qué me importa que los hombres y los demonios tengan sus esclavos voluntarios y María no tenga ninguno? ¿Qué me importa que un rey considere un honor para él que la reina, su compañera, tenga esclavos sobre los que tiene derecho de vida y muerte, porque el honor y el poder del uno es el honor y el poder del otro, y que pensemos que Nuestro Señor, que, como el mejor de todos los hijos, ha dividido todo su poder con su Santa Madre, considere mal que ella también tenga sus esclavos? ¿Tiene menos respeto y amor por su Madre que Asuero por Ester, o que Salomón por Betsabé? ¿Quién se atreverá a decirlo o siquiera a pensarlo?

Pero ¿a dónde me lleva mi pluma? ¿Por qué me detengo aquí para probar una cosa tan clara? Si no queremos llamarnos esclavos de la Santísima Virgen, ¿qué importa? Hagámonos y llamémonos esclavos de Jesucristo, porque eso es ser esclavo de la Santísima Virgen, ya que Jesús es el fruto y la gloria de María, y esto mismo es lo que hacemos, por la devoción de la que aquí hablamos.

Tercera Verdad. Nuestras mejores acciones están ordinariamente manchadas y corrompidas por la tierra del mal que está tan profundamente arraigada en nosotros. Cuando ponemos agua limpia y clara en un recipiente que tiene un olor fétido y malo, o vino en un barril cuyo interior se ha echado a perder por otro vino que ha estado en él, el agua clara y el buen vino se echan a perder fácilmente y toman mal olor. De la misma manera, cuando Dios pone en el recipiente de nuestra alma, estropeado por el pecado original y actual, sus gracias y rocíos celestiales o el delicioso vino de su amor, sus dones son ordinariamente estropeados y corrompidos por la mala levadura y el mal que el pecado ha dejado dentro de nosotros. Nuestras acciones, incluso las más sublimes y virtuosas, sienten sus efectos. Es, pues, de gran importancia para alcanzar la perfección, que no se adquiere sino por la unión con Jesucristo, vaciarnos de todo lo malo que hay en nosotros; de lo contrario, Nuestro Señor, que es infinitamente puro y aborrece infinitamente la menor mancha de nuestras almas, nos echará de su presencia y no se unirá a nosotros.

1. Para vaciarnos de nosotros mismos, debemos, en primer lugar, reconocer plenamente, a la luz del Espíritu Santo, nuestra corrupción interior, nuestra incapacidad para toda cosa buena útil para la salvación, nuestra debilidad en todo, nuestra inconstancia en todo momento, nuestra indignidad de toda gracia y nuestra iniquidad en toda posición. El pecado de nuestro primer padre nos ha echado a perder a todos, nos ha agriado, nos ha hinchado y nos ha corrompido, como la levadura agria hincha y corrompe la pasta en la que

se pone. Los pecados actuales que hemos cometido, ya sean mortales o veniales, aunque hayan sido perdonados, han aumentado nuestra concupiscencia, debilidad, inconstancia y corrupción, y han dejado malas consecuencias en nuestras almas. Nuestros cuerpos están tan corrompidos que son llamados por el Espíritu Santo cuerpos de pecado, concebidos en el pecado, alimentados en el pecado y capaces de todo pecado, cuerpos sujetos a miles de enfermedades y que no engendran más que enfermedades, alimañas, y corrupción.

Nuestra alma, unida a nuestro cuerpo, se ha vuelto tan carnal que la llamamos *carne*. "Habiéndose corrompido toda carne", no tenemos por herencia sino orgullo y ceguera en el espíritu, dureza en el corazón, debilidad e inconstancia en el alma, concupiscencia, pasiones revueltas y enfermedades en el cuerpo. Somos por naturaleza más orgullosos que los pavos reales, más arrastrados por la tierra que los sapos, más viles que los animales inmundos, más envidiosos que las serpientes, más glotones que los cerdos, más furiosos que los tigres, más perezosos que las tortugas, más débiles que los juncos y más caprichosos que las veletas. No tenemos en nosotros más que la nada y el pecado, y no merecemos más que la ira de Dios y el infierno eterno.

Después de esto, ¿debemos asombrarnos de que Nuestro Señor haya dicho que quien quiera seguirle debe renovarse y odiar su propia alma, y que quien ame su propia alma la perderá, y quien la odie la salvará?

El que es Sabiduría infinita no da mandamientos sin razón, y solo nos ha mandado que nos odiemos a nosotros mismos, porque tanto merecemos ser odiados. Nada es más digno de amor que Dios y nada es más digno de odio que nosotros mismos.

2. En segundo lugar, para vaciarnos de nosotros mismos, debemos morir a nosotros mismos cada día. Es decir, debemos renunciar a las operaciones de las potencias de nuestra alma y de los sentidos de nuestro cuerpo. Debemos ver como si no viéramos, entender como si no comprendiéramos y hacer uso de las cosas de este mundo como si no hiciéramos uso de ellas en absoluto. Esto es lo que san Pablo llama morir diariamente —*Quotidie morior*—. Si el grano de trigo que cae en la tierra no muere, queda tierra y no da buen fruto. Si no morimos a nosotros mismos y si nuestras más santas devociones no nos inclinan a esta muerte necesaria y útil, no daremos ningún fruto que valga la pena y nuestras devociones serán inútiles. Todas nuestras justicias estarán manchadas de amor propio y de nuestra propia voluntad, y esto hará que Dios tenga en abominación los mayores sacrificios que podamos hacer, y las mejores acciones que podamos realizar; de modo que a nuestra muerte encontraremos nuestras manos vacías de virtudes y de méritos y no tendremos ni una chispa de amor puro, que solo se comunica a las almas muertas a sí mismas, almas cuya vida está oculta con Jesucristo en Dios.

3. Debemos elegir, pues, entre todas las devociones a la Santísima Virgen, la que más nos atraiga hacia esta muerte a nosotros mismos, por cuanto será la mejor y la más santificante. Porque no debemos pensar que todo lo que brilla es oro, que todo lo que sabe dulce es miel, o que todo lo que es fácil de hacer y es hecho por el mayor número es santificante. Así como hay secretos de la naturaleza para hacer en poco tiempo, con poco costo y facilidad, operaciones naturales, así también hay secretos en el orden de la gracia para hacer en poco tiempo, con dulzura y facilidad, operaciones sobrenaturales, tales como vaciarnos de nosotros mismos, llenarnos de Dios y llegar a ser perfectos.

La práctica que voy a revelar es uno de estos secretos de la gracia, desconocido por la mayoría de los cristianos, conocido incluso por pocos devotos y practicado y disfrutado por un número aún mucho menor. Pero para comenzar a revelar esta práctica, consideremos una cuarta verdad, que es consecuencia de la tercera.

Cuarta Verdad. Es más perfecto, porque es más humilde, no acercarnos a Dios por nosotros mismos sin tomar un mediador. El fundamento mismo de nuestra naturaleza, como acabo de mostrar, está tan corrompido, que si nos apoyamos en nuestras propias obras, industrias y preparativos para llegar a Dios y agradarle, es seguro que nuestras justicias se contaminarán o serán de poco peso ante Dios para comprometerle a unirse a nosotros y a escucharnos. No es sin razón que Dios nos ha dado mediadores con su majestad. Él ha visto nuestra indignidad e incapacidad. Se ha apiadado de nosotros y, para darnos acceso a sus misericordias, nos ha provisto de poderosos intercesores con su grandeza, de tal manera que descuidar a estos mediadores y acercarnos a su santidad directamente, sin ninguna recomendación, es faltar a la humildad. Es faltar al respeto a Dios, tan alto y tan santo. Es tener menos en cuenta a ese Rey de reyes de lo que tendríamos que tener a un rey o príncipe de la tierra, a quien no nos acercaríamos de buena gana sin un amigo que hablara por nosotros.

Nuestro Señor es nuestro abogado y mediador de la redención con Dios Padre. Es por Él por quien debemos orar, en unión con toda la Iglesia triunfante y militante. Por Él tenemos acceso a la Majestad del Padre, ante quien no debemos comparecer sino apoyándonos en los méritos, e incluso revestidos de los méritos, de su Hijo, como el joven Jacob se presentó ante su padre Isaac con pieles de cabritos para recibir su bendición.

Pero ¿no tenemos necesidad de un mediador con el Mediador mismo? ¿Es nuestra pureza lo suficientemente grande como para unirnos directamente a Él, y por nosotros mismos? ¿No es Él Dios, en todo igual a su Padre y por consecuencia el Santo de los Santos, tan digno de respeto como su Padre? Si, por su infinita caridad, se ha hecho nuestra fianza y nuestro mediador con Dios, su Padre, para apaciguarle y pagarle lo que le debíamos, ¿debemos por eso tener menos respeto y menos temor a su majestad y a su santidad?

Digamos audazmente con san Bernardo, que tenemos necesidad de un mediador con el Mediador mismo, y que es la divina María la más capaz de desempeñar ese caritativo oficio. Por ella vino Jesucristo y por ella debemos ir a Él. Si tememos ir directamente a Jesucristo, nuestro Dios, sea por su infinita grandeza, sea por nuestra vileza, sea por nuestros pecados, imploremos con valentía la ayuda y la intercesión de María, nuestra Madre. Ella es buena, es tierna, no tiene nada en ella austero ni repulsivo, nada demasiado sublime ni demasiado brillante. Al verla, vemos nuestra naturaleza pura. No es el sol, que por la vivacidad de sus rayos nos ciega a causa de nuestra debilidad, sino que es bella y suave como la luna, que recibe la luz del sol y la templa para hacerla más adecuada a nuestra capacidad. Ella es tan caritativa que no repele a ninguno de los que piden su intercesión, por muy grandes pecadores que hayan sido, porque, como dicen los santos, nunca se ha oído, desde que el mundo es mundo, que alguien haya recurrido con confianza y perseverancia a la Santísima Virgen, y sin embargo haya sido repelido.

Ella es tan poderosa que nunca se ha rechazado ninguna de sus peticiones. No tiene más que presentarse ante su Hijo para rogarle y en seguida le concede sus deseos, en seguida recibe sus oraciones. Siempre es vencido amorosamente por los pechos, los anhelos y las oraciones de su queridísima Madre. Todo esto está sacado de san Bernardo y de san Buenaventura, de modo que, según ellos, tenemos tres escalones que subir para ir a Dios: el primero, que es el más cercano a nosotros y el más adecuado a nuestra capacidad, es María; el segundo es Jesucristo; y el tercero es Dios Padre. Para ir a Jesús, hay que ir a María; ella es nuestra mediatriz de intercesión. Para ir a Dios Padre, debemos ir a Jesús, pues Él es nuestro Mediador de redención. Ahora bien, es por la devoción que voy a exponer, que este orden es perfectamente guardado.

Quinta Verdad. Es muy difícil, considerando nuestra debilidad y fragilidad, conservar en nosotros mismos las gracias y tesoros que hemos recibido de Dios:

1. Porque tenemos este tesoro, que vale más que el cielo y la tierra juntos, en frágiles vasos —*Habemus thesaurum istum in vasis fictilibus*—, en un cuerpo corruptible y en un alma débil e inconstante a la que nada perturba y deprime.

2. Porque los demonios, que son hábiles, quieren sorprendernos desprevenidos y despojarnos. Vigilan día y noche el momento oportuno. Con ese fin nos rodean incesantemente para devorarnos y arrebatarnos en un momento, por un pecado, todo lo que hemos ganado de gracias y de méritos durante muchos años. Su malicia, su experiencia, sus estratagemas y su número, deben hacer temer inmensamente esta desgracia, especialmente cuando vemos cuántas personas, más

llenas de gracia que nosotros, más ricas en virtudes, mejor fundadas en experiencia y mucho más elevadas en santidad, han sido sorprendidas, robadas y desgraciadamente piloteadas. ¡Ah, cuántos cedros del Líbano, cuántas estrellas del firmamento no hemos visto caer miserablemente, y en un abrir y cerrar de ojos pierden toda su altura y todo su brillo! ¿De dónde viene ese triste y curioso cambio? No ha sido por falta de gracia, que a nadie le falta, sino por falta de humildad. Se creyeron más fuertes y suficientes de lo que eran. Se creían capaces de guardar sus propios tesoros. Confiaron en sí mismos, se apoyaron en sí mismos. Creyeron que su casa era suficientemente segura y sus arcas suficientemente fuertes, para guardar el precioso tesoro de su gracia. Es por ese apoyo casi imperceptible en sí mismos, mientras todo el tiempo les parecía que se apoyaban solo en la gracia de Dios, que el justísimo Señor ha permitido que les roben dejándolos a su suerte. ¡Ay!, si hubieran conocido la admirable devoción que voy a exponerles, habrían confiado su tesoro a una Virgen poderosa y fiel, que se lo habría guardado como si fuera de su propiedad; es más, que incluso habría asumido como una obligación de justicia el conservárselo.

3. Es difícil perseverar en la justicia a causa de la extraña corrupción del mundo. El mundo está ahora tan corrompido, que parece inevitable que los corazones religiosos se ensucien, si no con su lodo, al menos con su polvo. De modo que se ha convertido en una especie de

milagro que alguien que permanezca firme en medio de este impetuoso torbellino sin ser arrastrado por él, en medio de ese mar tempestuoso sin ser ahogado en él o despojado por los piratas y los corsarios, en medio de ese aire pestilente sin ser infectado por él. Es la Virgen, la única fiel, en quien la serpiente nunca ha tenido parte, la que obra este milagro para aquellos que la sirven de esa dulce manera que he de revelar en breve.

Expuestas estas Cinco Verdades, debemos ahora esmerarnos más que nunca en elegir bien la verdadera devoción a la Santísima Virgen. Hay en este momento, más que nunca, falsas devociones que es fácil confundir con las verdaderas. El demonio, como falso acuñador y sutil y experimentado afilador, ha engañado ya y destruido tantas almas por una falsa devoción a la Santísima Virgen, haciendo uso diario de su diabólica experiencia para hundir a muchos otros por este mismo camino a la perdición eterna; divirtiéndolos, adormeciéndolos en el pecado, con el pretexto de algunas oraciones mal dichas, o de algunas prácticas externas que él inspira. Como un acuñador de moneda falsa no suele falsificar nada salvo el oro y la plata, o muy raramente los otros metales porque no valen la pena, así el espíritu maligno no falsifica las demás devociones, sino solo las de Jesús y María, la devoción a la Eucaristía, y a nuestra Santísima Señora, porque son, entre otras devociones, lo que el oro y la plata son entre los metales.

Es, pues, muy importante ante todo conocer: (1) las falsas devociones a la Santísima Virgen para evitarlas; y (2) la verdadera devoción para abrazarla. En conclusión, entre tantas prácticas de verdadera devoción a la Santísima Virgen, explicaré más detalladamente, en la segunda parte de este tratado, cuál es la más perfecta, la más agradable a la Virgen, la más gloriosa a Dios y la más santificante para nosotros mismos, a fin de que nos adhiramos a ella.

1. Sobre las falsas devociones a Nuestra Señora

Encuentro siete clases de falsos devotos y falsas devociones a Nuestra Señora, a saber: (1) los devotos críticos; (2) los devotos escrupulosos; (3) los devotos externos; (4) los devotos presuntuosos; (5) los devotos inconstantes; (6) los devotos hipócritas; y (7) los devotos interesados.

Los devotos *críticos* son, en su mayor parte, eruditos orgullosos, espíritus temerarios y autosuficientes, que tienen en el fondo alguna devoción a la santa Virgen, pero que critican casi todas las prácticas de devoción a ella que el pueblo sencillo tributa sencilla y santamente a su buena Madre, porque estas prácticas no caen en su propio humor y fantasía. Ponen en duda todos los milagros e historias registradas por autores dignos de nuestra fe, o extraídas de las crónicas de órdenes religiosas; narraciones que nos testifican las misericordias y el poder de la Santísima Virgen. No soportan ver a personas sencillas y humildes arrodilladas ante un altar o una imagen de Nuestra Señora, a veces en la esquina de una calle, para rezar allí a Dios, e incluso les acusan de idolatría, como si adoraran la madera o la piedra. Dicen que, por su parte, no son aficionados a estas devociones externas y que sus mentes no son tan débiles como para dar fe a tal número de cuentos y pequeñas historias como las que circulan sobre Nuestra Señora. U, otras veces, replican que los narradores han hablado como oradores profesionales, con exageración; o ponen una mala interpretación en sus palabras. Esta clase de falsos devotos y de personas orgullosas y mundanas son muy de temer. Hacen un daño infinito a la devoción a Nuestra Señora; y tienen demasiado éxito en alejar a la gente de ella, bajo el pretexto de eliminar sus abusos.

Los devotos *escrupulosos* son los que temen deshonrar al Hijo honrando a la Madre, abatir al uno elevando a la otra. No soportan que atribuyamos a la Virgen los más justos elogios que los santos Padres le han tributado. Son ellos los que no pueden soportar que hubiera más gente ante el altar de la Santísima Virgen que ante el Santísimo Sacramento, como si lo uno fuera contrario de lo otro, como si los que rezaran a la Santísima Virgen no rezaran a Jesucristo a través de ella. No quieren que hablemos tan a menudo de la Virgen y que nos dirijamos a ella con tanta frecuencia. Estas son las frases favoritas que están constantemente en su boca: "¿A qué vienen tantas capillas, cofradías y devociones externas a la Santísima Virgen? Hay mucho de ignorancia en todo esto. Hacen una pantomima de nuestra religión. Háblennos los que son devotos de Jesucristo" (sin embargo, a menudo lo nombran sin descubrirlo: lo digo a modo de paréntesis). "Debemos recurrir a Jesucristo; Él es nuestro único Mediador. Debemos predicar a Jesucristo; esta es la sólida devoción". Lo que dicen es verdad en cierto sentido, pero es muy peligroso cuando, por la aplicación que hacen de ello, entorpecen la devoción a la Santísima Virgen y es, bajo el pretexto de un bien mayor, una sutil trampa del maligno. Porque nunca honramos más a Jesucristo que cuando más honramos a su Santísima Madre. En efecto, solo honramos a María para honrar más perfectamente a Jesús, ya que solo vamos a Ella como camino para encontrar el fin que buscamos, que es Jesús.

La Iglesia, con el Espíritu Santo, bendice primero a la Virgen y después al Señor. *Benedicta tu in mulieribus, et benedictus fructus ventris tui Jesus*: "bendita eres entre todas las mujeres, y bendito es el fruto de tu vientre, Jesús". No es que María sea más que Jesús, ni siquiera igual a Él. Eso sería una herejía intolerable; pero es que, para bendecir más perfectamente a Jesús, debemos comenzar por bendecir a María. Digamos, pues, con todos los verdaderos devotos de la Virgen contra esos falsos escrupulosos devotos, "María, bendita eres entre todas las mujeres y bendito es el fruto de tu vientre, Jesús".

Los devotos *externos* son personas que hacen que toda la devoción a la Santísima Virgen consista en prácticas exteriores. No tienen otro gusto que el exterior de esta devoción, porque no tienen espíritu interior propio. Con la mayor precipitación rezarán muchos rosarios; oirán muchas misas distraídamente; irán sin devoción a las procesiones; se enrolarán en toda clase de cofradías sin enmendar su vida, sin hacer violencia a sus pasiones, o sin imitar las virtudes de la Santísima Virgen. No aman sino la parte sensible de la devoción, sin gustar de su solidez. Si no tienen dulzura sensible en sus prácticas, creen que no hacen nada; se desordenan, lo echan todo a perder o hacen cualquier cosa a la ligera. El mundo está lleno de estos devotos exteriores y no hay gente que sea más crítica con los hombres de oración, con los que fomentan un espíritu interior como lo esencial, mientras que no tienen en cuenta a la ligera esa modestia exterior que siempre acompaña a la verdadera devoción.

Los devotos *presuntuosos* son pecadores abandonados a sus pasiones, o amantes del mundo que, bajo el bello nombre de cristianos y devotos de la Santísima Virgen, ocultan el orgullo, la avaricia, la impureza, la embriaguez, la ira, los juramentos, la detracción, la injusticia o cualquier otro pecado. Duermen en paz en medio de sus malos hábitos, sin hacerse ninguna violencia para corregir sus faltas, bajo el pretexto de que son devotos de la Santísima Virgen. Se prometen a sí mismos que Dios los perdonará; que no se les dejará morir sin confesión; y que no se perderán eternamente, porque rezan el rosario, porque ayunan los sábados, porque pertenecen a la Cofradía del Santo Rosario, o llevan el escapulario, o están inscritos en otras congregaciones, o llevan la cadenita de Nuestra Señora. No nos creen cuando les decimos que su devoción no es más que una ilusión del demonio y una presunción perniciosa que puede destruir sus almas. Dicen que Dios es bueno y misericordioso; que no nos ha hecho para condenarnos eternamente; que ningún hombre está libre de pecado; que no morirán sin confesarse; que basta un buen *peccavi* —"He pecado"— a la hora de la muerte; que son devotos de Nuestra Señora; que llevan el escapulario; y que rezan diariamente, sin reproche ni vanidad, siete padrenuestros y avemarías en su honor; y que rezan a veces el rosario y el Oficio de Nuestra Señora, además de ayunar y otras cosas. Para dar autoridad a todo esto y para cegarse aún más, citan ciertas historias que han oído o leído (no les importa si son verdaderas o falsas) sobre cómo la gente ha muerto en pecado mortal sin confesión; y luego, porque en vida a veces rezaron algunas oraciones o hicieron algunas prácticas de devoción a la Virgen, cómo han resucitado para poder confesarse, o su alma ha sido milagrosamente retenida en sus cuerpos hasta la confesión; o cómo han obtenido de Dios en el momento de la muerte la contrición y el perdón de sus pecados, y así se han salvado; y que ellos mismos esperan favores similares. Nada hay en el cristianismo más detestable que esta presunción diabólica. ¿Cómo podemos decir que amamos y honramos a la Santísima Virgen, cuando con nuestros pecados traspasamos, herimos, crucificamos y ultrajamos sin piedad a Jesucristo, su Hijo? Si María se impusiera a sí misma la ley de salvar por su misericordia a esta clase de personas, estaría autorizando el crimen y ayudaría a crucificar y ultrajar a su Hijo. ¿Quién se atrevería a pensar así?

Yo digo que abusar así de la devoción a Nuestra Señora, que, después de la devoción a Nuestro Señor en el Santísimo Sacramento, es la más santa y sólida de todas las devociones, es ser culpable de un horrible sacrilegio que, después del de una Comunión indigna, es el mayor y el menos perdonable de todos los sacrilegios.

Confieso que, para ser verdaderamente devoto de nuestra Santísima Señora, no es absolutamente necesario ser tan santo como para evitar todo pecado, aunque esto fuera de desear; pero al menos esto es necesario, y les ruego que lo tengan muy en cuenta:

1. Tener la sincera resolución de evitar, al menos, todo pecado mortal, que ultraja a la Madre como al Hijo. 2. Yo añadiría que, para ayudarnos a evitar el pecado, hemos de enrolarnos en confraternidades, rezar el

rosario u otras oraciones, ayunar los sábados y cosas semejantes, que son maravillosamente útiles para la conversión de un pecador, por muy endurecido que esté; y si mi lector es uno de ellos, aunque tenga el pie en el abismo, le aconsejaría estas cosas. Sin embargo, debe ser con la condición de que solo practique estas buenas obras con la intención de obtener de Dios, por intercesión de la Santísima Virgen, la gracia de la contrición y el perdón de sus pecados, de vencer sus malos hábitos y no permanecer tranquilamente en el estado de pecado, a pesar del remordimiento de su conciencia, siguiendo el ejemplo de Jesucristo y de los Santos, y de las máximas del santo Evangelio.

Los devotos *inconstantes* son aquellos que son devotos de la Santísima Virgen por intervalos y caprichos. Unas veces son fervorosos y otras veces tibios. A veces parecen dispuestos a hacer cualquier cosa por ella, y luego, poco después no son las mismas personas. Comienzan por tomar todas las devociones, e inscribiéndose en las cofradías; y luego no practican las reglas con fidelidad. Cambian como la luna y María los pone bajo sus pies (como la media luna) porque son mutables e indignos de ser contados entre los siervos de esa Virgen fiel, cuyos devotos tienen por gracias especiales la fidelidad y la constancia. Sería mejor para tales personas cargarse con menos oraciones y prácticas, y cumplirlas con fidelidad y amor, a pesar del mundo, del demonio y de la carne.

Todavía tenemos que mencionar a los falsos devotos de la Santísima Virgen, que son los devotos *hipócritas*, que encubren sus pecados y costumbres pecaminosas bajo su manto, para pasar, antes los ojos de los hombres, por lo que no son.

También están los devotos *interesados*, que recurren a la Virgen solo para ganar algún pleito, o para evitar algún peligro, o para curarse de alguna enfermedad, o para alguna otra necesidad semejante, sin la cual la olvidarían por completo. Estas dos últimas clases son falsos devotos y ninguno de ellos es bien visto ante Dios y su Santa Madre.

Cuidémonos mucho, pues, de no ser del grupo de los devotos *críticos*, que nada creen y todo lo critican; ni de los devotos *escrupulosos*, que temen ser demasiado devotos de la Virgen, por respeto a Nuestro Señor; ni de los devotos *externos*, que hacen consistir toda su devoción en prácticas exteriores; ni de los devotos *presuntuosos*, que, con el pretexto de su falsa devoción a la Santísima Virgen, se revuelcan en sus pecados; ni de los *inconstantes*, que por ligereza cambian sus prácticas de devoción, o las abandonan del todo a la menor tentación; ni de los devotos *hipócritas*, que se meten en cofradías y visten las libreas de la Santísima Virgen, para pasar por buenas personas; ni, finalmente, de los devotos *interesados*, que solo recurren a la Virgen para librarse de males corporales, o para obtener bienes temporales.

2. *Sobre el carácter de los verdaderos devotos de la Santísima Virgen*

Después de haber desnudado y condenado las falsas devociones a la Santísima Virgen, debemos, en pocas palabras, caracterizar la verdadera devoción. Debe ser (1) *interior*, (2) *tierna*, (3) *santa*, (4) *constante* y (5) *desinteresada*.

1. La verdadera devoción a la Virgen es *interior*, es decir, brota del espíritu y del corazón. Mana de la estima que le tenemos, de la idea elevada que nos hemos formado de su grandeza y del amor que le profesamos.

2. Es *tierna*, es decir, llena de confianza en ella, como la confianza de un niño en su madre amorosa. Esta confianza hace que el alma recurra a ella en todas sus necesidades corporales o mentales, con mucha sencillez, confianza y ternura. Implora la ayuda de su buena Madre, en todo momento, en todo lugar y sobre todas las cosas, en sus dudas, para que la ilumine, en sus extravíos, para que la lleve por el buen camino, en sus tentaciones, para que la sostenga, en sus debilidades, para que sea fortalecida, en sus caídas, para que sea levantada, en sus desalientos, para que sea animada, en sus escrúpulos, para que le sean quitados, en sus cruces, trabajos y decepciones de la vida, para que sea consolada bajo ellos. En una palabra, en todos sus males del cuerpo y de la mente, el refugio ordinario del

alma está en María, sin temor de importunarla ni de desagradar a Jesucristo.

3. La verdadera devoción a la Virgen es *santa*, es decir, lleva al alma a evitar el pecado y a imitar en la Santísima Virgen particularmente su profunda humildad, su fe viva, su oración continua, su mortificación universal, su divina pureza, su ardiente caridad, su heroica paciencia, su dulzura angélica y su divina sabiduría. Estas son las diez virtudes principales de la Santísima Virgen.

4. La verdadera devoción a la Virgen es *constante*. Confirma al alma en el bien, y no la deja abandonar fácilmente sus ejercicios espirituales. La hace valiente para oponerse al mundo en sus modas y máximas, a la carne en sus debilidades y pasiones, y al demonio en sus tentaciones. De modo que el verdadero devoto de la Santísima Señora no es ni mutable, ni irritable, ni escrupuloso, ni tímido. No es que tal persona no caiga, o cambie a veces en el sentimiento sensible de la devoción, o en la cantidad de devoción en sí. Pero cuando cae, se levanta extendiendo la mano a su buena Madre. Si pierde el gusto y el placer de la devoción, no se perturba. Porque el devoto justo y fiel de María vive de la fe de Jesús y de María, y no de sentimientos y sensibilidades.

5. Por último, la verdadera devoción a la Santísima Virgen es *duradera*, es decir, inspira al alma a no buscarse a sí misma, sino solo a Dios, y a Dios en su Santa Madre. Un verdadero devoto de María no sirve a esa augusta Reina desde un espíritu de lucro e interés, ni

por su propio bien, ya sea temporal, corporal o espiritual; sino exclusivamente porque ella merece ser servida, y solo Dios en ella. No ama a María precisamente porque le haga bien, o porque espere en ella, sino porque es digna de amor. Por eso la ama y la sirve tan fielmente en sus disgustos y sequedades, como en sus dulzuras y fervores sensibles. La ama tanto en el Calvario como en las bodas de Caná. ¡Oh, cómo es agradable y precioso a los ojos de Dios y de su Santa Madre un tal devoto de la Santísima Virgen, que no se busca a sí mismo en el servicio que le presta! ¡Pero qué raro es ahora! Es para que no sea tan raro que he tomado la pluma para poner por escrito lo que he enseñado, en público y en privado, en mis misiones durante muchos años.

He dicho ahora muchas cosas sobre la Santísima Virgen; pero tengo muchas más que decir, y son infinitamente más las que omitiré, ya por ignorancia, ya por incapacidad, ya por falta de tiempo, en el designio que tengo de formar un verdadero devoto de María, y un verdadero discípulo de Jesucristo.

¡Oh!, pero mi labor habría sido bien hecha si este pequeño escrito, cayendo en manos de un alma de buenas disposiciones, de un alma bien nacida (nacida de Dios y de María, y no de sangre, ni de la voluntad de la carne, ni de la voluntad del hombre) le descubriera, y le inspirara, por la gracia del Espíritu Santo, la excelencia y el precio de aquella verdadera y sólida devoción a la Santísima Virgen, que voy a describir en seguida. Si supiera que mi sangre culpable puede servir para grabar en el corazón de alguien las verdades que escribo en honor de mi verdadera Madre y soberana Señora, usaría mi sangre en lugar de tinta para formar las letras, con la esperanza de encontrar algunas almas buenas que, por su fidelidad a la práctica que enseño, compensen a mi querida Madre y Señora por las pérdidas que ha sufrido por mi ingratitud e infidelidades. Me siento más que nunca animado a creer y esperar todo lo que tengo profundamente grabado en mi corazón y he pedido a Dios durante tantos años, a saber, que tarde o temprano la Santísima Virgen tendrá más hijos, siervos y esclavos de amor que nunca; y que, por este medio, Jesucristo, mi querido Maestro, reine más que nunca en los corazones.

Preveo claramente que las fieras vendrán con furia a desgarrar con sus dientes diabólicos este pequeño escrito y a aquel de quien el Espíritu Santo se ha servido para escribirlo, o al menos a ahogarlo en el silencio de un cofre, para que no aparezca. Incluso atacarán y perseguirán a los que la lean y la pongan en práctica. Pero ¿qué importa? Al contrario, tanto mejor. Esta misma predicción ya me hace esperar un gran éxito; es decir, un gran escuadrón de valientes soldados de Jesús y de María, de ambos sexos, para combatir al mundo, al demonio, y a la naturaleza corrompida en estos tiempos, más peligrosos que nunca, y que están a punto de llegar. *Qui legit, intelligat. Qui potest capere, capiat* —"El que lea, que entienda. El que puede comprender, que comprenda"—.

SEGUNDA PARTE

⁓

De la excelentísima devoción
a la Santísima Virgen o de la
perfecta consagración a Jesús por María

Existen varias prácticas interiores de verdadera devoción a la Santísima Virgen. He aquí las principales de ellas expuestas compendiosamente. (1) Honrarla como digna Madre de Dios, con el culto de la hiperdulía; es decir, estimarla y honrarla por encima de todos los demás santos, como la obra maestra de la gracia y la Madre de Dios. (2) Meditar sus virtudes, sus privilegios y sus acciones. (3) Contemplar sus grandezas. (4) Hacerle actos de amor, alabanza y gratitud. (5) Invocarla cordialmente. (6) Ofrecernos a ella y unirnos a ella. (7) Realizar todas nuestras acciones con el fin de complacerla. (8) Comenzar, continuar y terminar todas nuestras acciones por ella, en ella y con ella, a fin de realizarlas por Jesucristo, en Jesucristo, con Jesucristo y por Jesucristo, nuestro último fin. Esta última práctica la expondremos de inmediato.

La devoción a Nuestra Señora tiene también varias prácticas exteriores, de las que las siguientes son las principales: (1) Inscribirse en sus cofradías y entrar en sus congregaciones. (2) Ingresar en las órdenes religiosas instituidas en su honor. (3) Publicar sus alabanzas. (4) Dar limosna, ayunar y someterse a mortificaciones exteriores e interiores en su honor. (5) Vestir sus libreas, como el rosario, el escapulario o una cadenita. (6) Recitar con atención, devoción y modestia el Santo Rosario, compuesto de quince decenas de avemarías en honor de los quince misterios principales de Jesucristo, o cinco decenas, que es la tercera parte del rosario, ya sea en honor de los cinco misterios gozosos, que son la anunciación, la visitación, la natividad de Jesucristo, la purificación y el hallazgo de Nuestro Señor en el templo; o en honor de los cinco misterios dolorosos, que son la agonía de Nuestro Señor en el huerto de los olivos, la flagelación, la coronación de espinas, Jesús con la cruz a cuestas y la crucifixión; o en honor de los cinco misterios gloriosos, que son la resurrección de Jesucristo, la ascensión, el descenso del Espíritu Santo en Pentecostés, la asunción de la Santísima Virgen en cuerpo y alma al cielo y su coronación por las tres personas de la Santísima Trinidad. También podemos rezar una Coronilla de seis o siete decenas en honor de los años que creemos que Nuestra Señora vivió en la tierra; o la coronilla de la Santísima Virgen, compuesta de tres padrenuestros y doce avemarías, en honor de su corona de doce estrellas, o privilegios; o el Oficio de Nuestra Señora, tan universalmente recibido y recitado en la Iglesia; o el Salterio de la Virgen, que san Buenaventura ha compuesto en su honor y que es tan tierno y tan devoto que no se puede recitar sin ser conmovido por él; o catorce padrenuestros y avemarías en honor de sus catorce alegrías; o algunas otras oraciones, himnos, y cánticos de la Iglesia, como *Salve Regina, Ave Regina Cœlorum,* o *Regina Cœli,* de acuerdo a las diferentes estaciones; o *Ave Maris Stella, O Gloriosa Domina, Magnificat,* o algunas otras prácticas de devoción de las que los libros están llenos. (7) Cantar o hacer cantar cánticos espirituales en su honor. (8) Hacerle un número de genuflexiones o reverencias, mientras se dice, por ejemplo, cada mañana, sesenta o cien veces *Ave Maria, Virgo Fidelis,* para obtener de Dios la gracia por ella de ser fiel a las gracias de Dios durante el día, y luego otra vez en la tarde *Ave Maria Mater misericordiæ,* para pedir perdón a Dios a través de ella por los pecados que hayamos cometido durante el día. (9) Cuidar de sus cofradías, adornar sus altares, y coronar y ornamentar sus imágenes. (10) Llevar sus imágenes, o hacer que las lleven, en procesión, y llevar una imagen de ella con nosotros, como arma en contra del mal espíritu. (11) Hacer esculpir sus imágenes o su nombre y colocarlos en las iglesias o en las casas, o en las puertas y entradas de las ciudades, iglesias y casas. (12) Consagrarnos a ella de una manera especial y solemne.

Hay una cantidad de otras prácticas de verdadera devoción hacia la Santa Virgen que el Espíritu Santo ha inspirado en las almas santas, y que son muy santificadoras; pueden leerse extensamente en *Le paradis ouvert à Philagie par cent dévotions à la Mère de Dieu* del P. Barry, jesuita, que ha recopilado un gran número de devociones que los santos han practicado en honor a Nuestra Señora, siempre y cuando se hagan como es debido, es decir, (1) con la buena y pura intención de agradar solo a Dios, de unirnos a Jesucristo como a nuestro último fin y de edificar a nuestro prójimo; (2) con atención y sin distracción voluntaria; (3) con devoción, evitando igualmente la precipitación o la negligencia; (4) con modestia y un cuidado respetuoso y edificante de las posturas del cuerpo.

Pero después de todo, protesto en voz alta que, habiendo leído casi todos los libros que profesan tratar de la devoción a Nuestra Señora, y habiendo conversado familiar y santamente con los mejores y más sabios hombres de estos últimos tiempos, nunca he sabido, ni de oídas, de alguna práctica devocional hacia ella igual que aquella que ahora quiero compartir; que saque del alma más sacrificios por Dios, que la vacíe más de sí misma y de su amor propio, que la mantenga más fielmente en la gracia y la gracia más fielmente en ella, que la una más perfecta y fácilmente a Jesucristo, y, finalmente, que sea más gloriosa para Dios, más santificante para el alma y más útil a nuestro prójimo que cualquier otra devoción a Ella.

Como lo esencial de esta devoción consiste en el interior que debe formar, no será igualmente comprendida por todos. Algunos se detendrán en lo que es exterior en ella, y no irán más allá, y éstos serán el mayor número. Algunos, en pequeño número, entrarán en su espíritu interior; pero solo subirán un peldaño. ¿Quién subirá al segundo escalón? ¿Quién llegará hasta el tercero? Por último, ¿quién llegará a hacer de esta devoción su estado habitual? Solo aquel a quien el espíritu de Jesucristo haya revelado el secreto, el alma intachablemente fiel, a quien Él mismo conducirá allí, para avanzar de virtud en virtud, de gracia en gracia, de luz en luz, hasta llegar a la transformación de sí mismo en Jesucristo, y a la plenitud de su edad en la tierra y de su gloria en el cielo.

I. En qué consiste la perfecta consagración a Jesucristo

Toda nuestra perfección consiste en estar conformado, unido y consagrado a Jesucristo; y por lo tanto la más perfecta de todas las devociones es, sin duda alguna, la que más perfectamente nos conforma, une y consagra a Jesucristo. Ahora bien, siendo María la más conformada de todas las criaturas a Jesucristo, se sigue que, de todas las devociones, la que más consagra y conforma el alma al Señor es la devoción a su Santa Madre, y que cuanto más se consagra a María, más se consagra a Jesús. De aquí resulta que la más perfecta consagración a Jesucristo no es otra cosa que una perfecta y entera consagración de nosotros mismos a la Santísima Virgen, y esta es la devoción que yo enseño; o en otras palabras, una perfecta renovación de los votos y promesas del santo Bautismo.

Esta devoción consiste, pues, en entregarnos entera y totalmente a la Virgen, para pertenecer entera y totalmente a Jesús por ella. Debemos entregarle: 1) nuestro cuerpo, con todos sus sentidos y miembros; 2) nuestra alma, con todas sus potencias; 3) los bienes exteriores de fortuna, presentes o futuros; 4) nuestros bienes interiores y espirituales, que son nuestros méritos y virtudes, y nuestras buenas obras, pasadas, presentes y futuras. En una palabra, debemos darle todo lo que tenemos en el orden de la naturaleza y en el orden de la gracia, y todo lo que pueda llegar a ser nuestro en el futuro en el orden de la naturaleza, la gracia y la gloria. Y lo debemos hacer sin ninguna reserva: ni de un centavo, ni de un cabello, ni de una sola buena acción; y debemos hacerlo también por toda la eternidad, sin pretender ni esperar ninguna otra recompensa por nuestro servicio que el honor de pertenecer a Jesucristo por María y en María, aunque esa dulce Señora no fuera, como siempre es, la más generosa y la más agradecida de las criaturas.

A este respecto, debemos resaltar que las buenas obras que realizamos tienen dos aspectos: la satisfacción y el mérito; es decir, su valor satisfactorio o impetratorio y su valor meritorio. El valor satisfactorio o impetratorio de una buena obra es la acción buena, en cuanto satisface el dolor debido al pecado, u obtiene algún nuevo aumento de gracia; el valor meritorio, o el mérito, es la acción buena, en cuanto merece la gracia ahora y la gloria eterna después. Ahora bien, en esta consagración de nosotros mismos a la Virgen, le entregamos todo el valor satisfactorio, impetratorio y meritorio de nuestras acciones; es decir, las satisfacciones y los méritos de todas nuestras buenas obras.

Le entregamos todos nuestros méritos, gracias y virtudes, no para comunicárselos a los demás, pues nuestros méritos, gracias y virtudes son, propiamente hablando, incomunicables, y solo Jesucristo, al hacerse nuestro fiador ante su Padre, puede comunicar sus méritos, sino que se los damos para que los conserve, los aumente y los embellezca para nosotros, como se explica más adelante. Pero le damos nuestras satisfacciones para que las comunique a quien quiera, y para la mayor gloria de Dios.

De aquí se sigue que: (1) por esta devoción damos a Jesucristo, de la manera más perfecta, ya que es por manos de María, todo lo que podemos darle, y mucho más que por otras devociones, en las que le damos o parte de nuestro tiempo, o parte de nuestras buenas obras, o parte de nuestras satisfacciones y mortificaciones; mientras que aquí se le da y se le consagra todo, hasta el derecho de disponer de nuestros bienes interiores y de las satisfacciones que ganamos con nuestras buenas obras diarias. Esto es más de lo que hacemos incluso en una orden religiosa. En las órdenes religiosas damos a Dios los bienes de la fortuna por el voto de pobreza, los bienes del cuerpo por el voto de castidad, nuestra propia voluntad por el voto de obediencia, y a veces la libertad de disponer de nuestros bienes interiores y de las satisfacciones que obtenemos con nuestras buenas obras diarias, y a veces la libertad del cuerpo por el voto de clausura. Pero con esos votos no le damos a Él la libertad o el derecho de desconocer el valor de nuestras buenas obras; y no nos despojamos, en la medida en que un hombre cristiano puede hacerlo, de lo que es más querido y precioso para Él, es decir, sus méritos y satisfacciones.

(2) La persona así voluntariamente consagrada y sacrificada a Jesucristo por María ya no puede disponer del valor de ninguna de sus buenas acciones. Todo lo que sufre, todo lo que piensa, todo el bien que dice o hace, pertenece a María para que ella lo distribuya según la voluntad de su Hijo y para su mayor gloria, sin que esta dependencia prejuzgue en nada las obligaciones del estado en que nos encontramos actualmente o en que nos encontremos en el futuro; por ejemplo, sin prejuzgar las obligaciones de un sacerdote que, por su oficio o de otro modo, debe aplicar el valor satisfactorio o impetratorio de la santa misa a algún particular; pues solo hacemos la ofrenda de esta devoción según el orden de Dios y los deberes de nuestro estado.

(3) Nos consagramos al mismo tiempo a la santísima Virgen y a Jesucristo: a la santísima Virgen, como al medio perfecto que Jesucristo ha elegido para unirse a nosotros y nosotros a Él; y a Nuestro Señor, como a nuestro último fin, a quien debemos todo lo que somos, como a nuestro Redentor y a nuestro Dios.

He dicho que esta devoción puede llamarse con toda justicia una perfecta renovación de los votos o promesas del santo bautismo. Porque todo cristiano, antes de su bautismo, era esclavo del demonio, ya que le pertenecía. En su bautismo, por su propia boca o por la de su padrino, ha renunciado solemnemente a Satanás, a sus pompas y a sus obras; y ha tomado a Jesucristo como su Maestro y Soberano Señor, para depender de Él en calidad de esclavo de amor. Esto es lo que hacemos con la presente devoción. Renunciamos, como se expresa en la fórmula de consagración, al demonio, al mundo, al pecado y a nosotros mismos; y nos entregamos por entero a Jesucristo por las manos de María. No, incluso hacemos algo más porque, en el bautismo, de ordinario hablamos por boca de otro, a saber, por nuestro padrino o madrina, y así nos entregamos a Jesucristo no por nosotros mismos, sino por otros. Pero en esta devoción la hacemos voluntariamente, sabiendo lo que hacemos. Además, en el santo bautismo, no nos entregamos a Jesús por las manos de María, al menos no de manera expresa, ni le damos el valor de nuestras buenas acciones. Quedamos enteramente libres después del bautismo, ya sea para aplicarlas a quien nos plazca o para conservarlas para nosotros mismos. Pero, por esta devoción, nos entregamos a Nuestro Señor expresamente por las manos de María y le consagramos el valor de todas nuestras acciones.

Los hombres, dice santo Tomás, hacen un voto en su bautismo para renunciar al diablo y a todas sus pompas: *In Baptismo vovent homines abrenuntiare diabolo et pompis ejus.* Este voto, dice san Agustín, es el mayor y más indispensable de todos los votos —*Votum maximum nostrum, quo vovimus nos in Christo esse mansuros*. Así hablan también los canonistas: *Præcipuum votum est, quod in Baptismate facimus*. Sin embargo, ¿quién ha cumplido este gran voto? ¿Quién es el que cumple fielmente las promesas del santo bautismo? ¿No se han desviado casi todos los cristianos de la lealtad que prometieron a Jesús en su bautismo? ¿De dónde puede venir esta desobediencia universal, sino del olvido de las promesas y compromisos del santo bautismo, y de que casi nadie ratifica por sí mismo el contrato que hizo con Dios por aquellos que le patrocinaron? Es verdad que el Concilio de Sens, convocado por orden de Luis Débonnaire para poner remedio a los desórdenes de los cristianos, que entonces eran tan grandes, juzgó que la causa principal de aquella corrupción de las costumbres provenía del olvido y de la ignorancia en que vivían los hombres de los compromisos del santo bautismo; y no se le ocurrió mejor medio para remediar un mal tan grande que persuadir a los cristianos de renovar los votos y las promesas del bautismo.

El Catecismo del Concilio de Trento, fiel intérprete de aquel santo concilio, exhorta a los párrocos a hacer lo mismo, y a inducir al pueblo a recordarse a sí mismo y a creer que está ligado y consagrado a Nuestro Señor Jesucristo, como esclavo de su Redentor y Señor. Estas son sus palabras: *Parochus fidelem ad eam rationem cohortabitur ut sciat æquissimum ese... nos ipsos, non secus ac mancipio Redemptori nostro et Domino in perpetuum addicere et consecrare* (Cat. Conc. Trid. par. I. c. III. sec. 4).

Ahora bien, si los concilios, los Santos Padres e incluso la experiencia nos muestran que el mejor medio de corregir las irregularidades de los cristianos es hacerles recordar las obligaciones de su bautismo y persuadirles a renovar ahora los votos que hicieron entonces, ¿no es lógico que nosotros lo hagamos de un modo perfecto, mediante esta devoción y consagración de nosotros mismos a Nuestro Señor por medio de su Santa Madre? Digo de manera perfecta, porque al consagrarnos así a Él nos servimos del medio más perfecto de todos, es decir, de la Santísima Virgen.

Nadie puede objetar que esta devoción sea nueva o indiferente. No es nueva, porque los concilios, los Padres y muchos autores antiguos y modernos hablan de esta consagración a Nuestro Señor, al renovar los votos y promesas del bautismo, como de algo que se practicaba antiguamente y que aconsejan a todos los cristianos. Tampoco es cuestión de indiferencia; porque la fuente principal de todos los desórdenes, y por consiguiente de la perdición eterna de los cristianos, proviene de su olvido e indiferencia acerca de esta práctica. Pero algunos objetarán que esta devoción, al hacernos entregar al Señor por manos de Nuestra Señora el valor de todas nuestras buenas obras, oraciones, mortificaciones y limosnas, nos pone en un estado de incapacidad para socorrer las almas de nuestros padres, amigos y bienhechores.

Les respondo lo siguiente: (1) Que no es creíble que nuestros padres, amigos y benefactores sufran daño alguno por el hecho de que seamos devotos consagrados sin excepción al servicio de Nuestro Señor y de su Santa Madre. Pensar esto sería despreciar la bondad y poder de Jesús y María, que bien saben socorrer a nuestros padres, amigos y bienhechores con nuestros pequeños ingresos espirituales, o por otros medios. (2) Esta práctica no nos impide rezar por los demás, vivos o muertos, aunque la aplicación de nuestras buenas obras dependa de la voluntad de la Santísima Virgen. Al contrario, es esto mismo lo que nos llevará a orar con más confianza; como un rico que ha dado todas sus riquezas a su príncipe para honrarle más, rogaría al príncipe con tanta más confianza que diese una limosna a un amigo que la pidiera.

Sería incluso complacer a ese príncipe sin darle la oportunidad de demostrar su gratitud hacia una persona que se ha despojado de sus ropas para vestirlo, que se ha empobrecido para honrarlo. Hay que decir lo mismo de Nuestro Señor y de la Santa Virgen: nunca serán superados en gratitud.

Alguien quizás diga: "Si le otorgo a la Santísima Virgen todo el mérito de mis acciones para aplicarlo a quien ella estime, quizás sea necesario que yo sufra por mucho tiempo en el purgatorio". Esa objeción, que viene del amor propio y de la ignorancia de la generosidad de Dios y de su Santa Madre, se desarma a sí misma. Un alma ferviente y generosa, que pone primero los intereses de Dios antes que los suyos propios, que le ofrece sin reservas todo lo que tiene a Dios, de manera que se pone en sus manos, que solo respira la gloria y el reino de Jesucristo a través de su Santa Madre y que se sacrifica completamente para ganárselos, ¿será acaso castigada más severamente en el otro mundo por haber sido más generosa y desinteresada que las otras? Faltaba más. Es precisamente hacia esa alma, como veremos en lo sucesivo, que Nuestro Señor y su Santa Madre son más generosos en este mundo y en el otro, en el orden de la naturaleza, de la gracia y de la gloria.

Ahora es necesario que veamos lo más brevemente posible los motivos que nos deben restituir esa devoción recomendable, el maravilloso efecto que esta produce en las almas fieles, y las prácticas de esta devoción.

II. Razones para esta perfecta consagración

Primer motivo. El primer motivo que nos muestra la perfección de esta consagración de uno mismo a Jesucristo a través de María.

Si no podemos concebir sobre la tierra un oficio más elevado que el servicio a Dios; si el más insignificante servidor de Dios es más rico, más poderoso y más noble que todos los reyes y emperadores de la tierra; si estos no son servidores de Dios, ¿cuál es la riqueza, el poder y la dignidad del fiel servidor de Dios que se consagrará a su servicio, enteramente y sin reservas, mientras lo pueda hacer?

Un fiel y amoroso esclavo de Jesús en María se da entero al servicio de este Rey de Reyes a través de las manos de su Santa Madre, no se reserva nada para sí mismo; todo el oro de la tierra y las bellezas de los cielos no son suficientes para pagarle.

Las otras congregaciones, asociaciones y hermandades erigidas en honor de Nuestro Señor y de su Santa Madre, que hacen mucho bien en el cristianismo, no permiten dar todo sin reservas: solo piden ciertas prácticas y acciones a sus asociados para que cumplan sus obligaciones, y los dejan libres para el resto de las acciones y del tiempo de sus vidas.

Pero esta devoción nos hace dar a Jesús y a María, sin reserva, todos nuestros pensamientos, palabras, acciones y sufrimientos, todos los momentos de nuestra vida, de tal manera que, tanto si nos despertamos como si dormimos, tanto si comemos como si bebemos, tanto si hacemos grandes acciones como si hacemos muy pequeñas, siempre es verdad que lo que hacemos, incluso sin pensar en ello, en virtud de nuestra ofrenda, al menos si no ha sido expresamente retratada, se hace por Jesús y María. ¡Qué consuelo!

Además, como ya he dicho, no hay otra práctica igual a esta que nos permita deshacernos con facilidad de cualquier tipo de propiedad que imperceptiblemente se pueda insinuar en nuestras mejores acciones. Nuestro buen Jesús nos concede esta gran gracia en recompensa de la heroica y desinteresada acción de cederle, por manos de su Santa Madre, todo el valor de nuestras buenas obras. Él da el ciento por uno a los que por su amor renuncian a los bienes exteriores y temporales perecederos, ¿cuál será el céntuplo que dará al hombre que sacrifique por Él hasta sus bienes interiores y espirituales?

Jesús, nuestro gran amigo, se nos ha dado sin reserva, en cuerpo y alma, virtudes, gracias y méritos. "Ha comprado todo lo que soy con todo lo que Él es", dice san Bernardo —*Se toto totum me comparavit.* ¿No es, pues, una simple cuestión de justicia y de dignidad que le demos todo lo que podemos darle? Él ha sido el primero en ser liberal con nosotros; seamos nosotros, al menos, los segundos; y entonces, en la vida y en la muerte, y por toda la eternidad, le encontraremos aún más liberal: *Cum liberali liberalis erit.*

Segundo motivo. El segundo motivo que nos muestra cuán ventajoso es en sí mismo, y ventajoso para los cristianos, consagrarse enteramente a la Santísima Virgen por esta práctica, es para pertenecer más perfectamente a Jesucristo.

Este buen Maestro no ha desdeñado encerrarse en el seno de la Santísima Virgen, como cautivo y como esclavo amoroso, y estarle sujeto y obediente durante treinta años. Es aquí, lo repito, donde la mente humana se pierde cuando reflexiona seriamente sobre el conducto de la Sabiduría encarnada, que no ha querido, aunque hubiera podido, darse a los hombres directamente, sino a través de la Santísima Virgen. No ha querido venir al mundo a la edad de un hombre perfecto, independiente de los demás, sino como un pobre y pequeño niño, dependiente de los cuidados y de la caridad de esta Santa Madre. Él es esa Sabiduría Infinita, que tenía un deseo ilimitado de glorificar a Dios, su Dios, y de salvar a los hombres; y, sin embargo, no encontró ningún medio más perfecto, ningún camino más corto para hacerlo que sujetarse a sí mismo en todas las cosas a la Santísima Virgen, no solo durante los primeros ocho, diez o quince años de su vida, como los demás niños, sino durante treinta años. Dio más gloria a Dios su Padre durante todo ese tiempo de sumisión y dependencia de la Santísima Virgen de la que le habría dado si hubiera empleado esos treinta años en hacer milagros, predicar a toda la tierra y obedecer a todos los hombres, viendo que su Padre celestial y Él mismo lo habían gobernado así: *Quæ placita sunt ei facio semper.* ¡Cuánto glorificamos a Dios cuando, a ejemplo de Jesús, nos sometemos a María!

Teniendo, pues, ante nuestros ojos un ejemplo tan claro y conocido por todo el mundo, ¿acaso somos tan insensatos como para imaginar que podemos encontrar un medio más perfecto o más expedito de glorificar a Dios que el de someternos a María, a ejemplo de su Hijo? Recordemos aquí, como prueba de la dependencia que debemos tener de la Santísima Virgen, lo que he dicho antes al presentar los ejemplos que el Padre, el Hijo y el Espíritu Santo dan de esta dependencia. El Padre no ha dado ni da a su Hijo sino por ella; no tiene hijos sino por ella, ni comunica gracias sino por ella. Dios Hijo no ha sido formado para todo el mundo sino por ella; y no es formado y engendrado diariamente sino por ella, en unión con el Espíritu Santo; tampoco comunica sus méritos y sus virtudes excepto por ella. El Espíritu Santo no ha formado a Jesucristo sino por ella; ni tampoco a los miembros del Cuerpo Místico de

Nuestro Señor, y solo por medio de ella dispensa sus favores y sus dones. Después de tantos y tan apremiantes ejemplos de la Santísima Trinidad, ¿podemos, sin una ceguera extrema, prescindir de María y no consagrarnos a ella y depender de ella para ir a Dios y sacrificarnos ante Dios?

He aquí algunos pasajes de los Padres en latín, para demostrar lo que acabo de decir:

Duo filii Mariæ sunt, homo Deus et homo purus, unius corporaliter, et alterius spiritualiter Mater est Maria —"Hay dos hijos de María, el hombre Dios y el hombre puro, María es Madre del uno físicamente, y del otro espiritualmente" (San Buenaventura y Origen)—.

Hæc est voluntas Dei, qui totum nos voluit habere per Mariam, ac proinde si quid spei, si quid gratiæ, si quid salutis, ab ea noverimus redundare —"Esta es la voluntad de Dios, que quiso tenernos a todos por medio de María, y por eso si hay alguna esperanza, si hay alguna gracia, si hay alguna salvación, sabemos que de ella rebosa (San Bernardo)—.

Omnia dona, virtutes gratiæ ipsius Spiritus Sancti, quibus vult, et quando vult, quomodo vult, et quantum vult, per ipsius manus administrantur —"Todos los dones, las virtudes de la gracia del Espíritu Santo, con quien quiere, y cuando quiere, como quiere y cuanto quiere, son administrados por sus manos" (San Bernardino)—.

Quia indignus eras cui donaretur, datum est Mariæ, ut per illam acciperes quidquid haberes —"Por cuanto eras indigno de quien te fue dado, de María te fue dado, para que por ella recibieras todo lo que tenías" (San Bernardo)—.

Dios, dice san Bernardo, viendo que somos indignos de recibir sus gracias inmediatamente de su mano, se las da a María para que tengamos por ella lo que Él quiera darnos; y también encuentra su gloria en recibir a través de las manos de María la gratitud, el respeto y el amor que le debemos por sus beneficios. Es, pues, muy justo que imitemos esta conducta de Dios, para que, como dice el mismo san Bernardo, la gracia vuelva a su Autor por el mismo conducto por donde vino: *Ut eodem alveo ad largitorem gratiæ redeat quo fluxit.*

Esto es precisamente lo que hace nuestra devoción. Ofrecemos y consagramos todo lo que somos y todo lo que tenemos a la Santísima Virgen, a fin de que Nuestro Señor reciba por su mediación la gloria y la gratitud que le debemos. Nos reconocemos indignos e incapaces de acercarnos por nosotros mismos a su Majestad infinita; y por eso recurrimos a la intercesión de la Santísima Virgen.

Además, esta devoción es una práctica de gran humildad, que Dios ama por encima de todas las demás virtudes. El alma que se enaltece humilla a Dios; el alma que se humilla enaltece a Dios. Dios resiste a los soberbios y da su gracia a los humildes. Si te bajas, creyéndote indigno de comparecer ante Él y de acercarte a Él, Él desciende y se baja a sí mismo para venir a ti, complacerse en ti y exaltarte a pesar tuyo. Por el contrario, cuando te atreves a acercarte a Dios sin mediador, Dios huye de ti y no puedes alcanzarle. Es esta humildad a la que nos obliga nuestra peculiar devoción, porque nos enseña a no acercarnos nunca por nosotros mismos a Nuestro Señor, por muy dulce y misericordioso que sea, sino a valernos siempre de la intercesión de la Santísima Virgen, ya sea para comparecer ante Dios, para hablarle, para acercarnos a Él, para ofrecerle cualquier cosa, para unirnos y consagrarnos a Él.

Tercer Motivo. La santísima Virgen, que es Madre de dulzura y misericordia, y nunca se deja vencer en amor y liberalidad, viendo que nos entregamos a ella incansablemente, para honrarla y servirla, y para ello nos despojamos de todo lo que nos es más querido para adornarla, nos recibe con el mismo espíritu. Ella también da todo su ser, y lo da de un modo indecible, a quien se lo da todo a ella. Lo hace caer en el abismo de sus gracias. Ella lo adorna con sus méritos; lo sostiene con su poder; o inflama con su amor; le comunica sus virtudes, su humildad, su fe, su pureza, y todo lo demás. Se hace ella misma su fianza, su suplemento, y su todo hacia Jesús. En una palabra, así como esa persona está toda consagrada a María, María es todo para esa persona, de tal manera que podemos decir de ese perfecto siervo e hijo de María lo que san Juan Evangelista dijo de sí mismo, que tomó a la Virgen santa por todos sus bienes: "El discípulo la tomó como suya" —*Accepit eam discipulus in sua*—.

Es esto lo que produce en el alma, si es fiel, una gran desconfianza y desprecio de sí misma, y una gran confianza y un gran abandono de sí en la Santísima Virgen, su buena Señora. El hombre ya no se apoya, como antes, en sus propias disposiciones, intenciones, méritos y buenas obras; porque, habiendo hecho un entero sacrificio de ellos a Jesucristo por esa buena Madre, no tiene ahora más que un tesoro, donde están depositados todos sus bienes, y ya no está en sí mismo, pues su tesoro es María.

Esto es lo que le hace acercarse a Nuestro Señor, sin temor servil ni escrupuloso, y rezarle con gran confianza. Es esto lo que le hace entrar en los sentimientos del devoto y erudito Abad Ruperto de Deutz, quien, haciendo alusión a la victoria que Jacob obtuvo sobre el ángel, dijo a la Santísima Virgen estas hermosas palabras: "Oh, María, Princesa mía, Madre Inmaculada del Dios-Hombre, Jesucristo, deseo luchar con ese Hombre, es decir, con el Verbo Divino, no armado con mis propios méritos, sino con los tuyos" —*O Domina, Dei genitrix Maria, et incorrupta Mater Dei et Hominis, non meis, sed tuis armatus meritis, cum isto Viro, seu Verbo Dei, luctari cupio* (Rup. Prolog. in Cantic.).

Oh, qué fuertes y poderosos somos con Jesucristo, cuando estamos armados con los dignos méritos y la intercesión de la Madre de Dios, que, como dice san Agustín, ha vencido amorosamente al Altísimo.

Como con esta práctica entregamos al Señor por manos de su Madre todas nuestras buenas obras, aquella buena Madre las purifica, embellece y hace aceptables a su Hijo.

(1) Las purifica de toda suciedad de amor propio y de ese imperceptible apego a la criatura, que se desliza incesantemente en nuestras mejores acciones. Tan pronto como están en sus manos más puras y fecundas, esas mismas manos que nunca han sido manchadas u ociosas y que purifican todo lo que tocan, quitan del presente que le hacemos todo lo que estaba estropeado o imperfecto en él.

(2) Ella embellece nuestras obras, adornándolas con sus propios méritos y virtudes. Es como si un campesino, deseando ganarse la amistad y benevolencia del rey, fuera a la reina y le regalara una fruta, que era toda su renta, para que ella se la presentara al rey. La reina, una vez aceptada la pobre ofrenda del campesino, colocaría la fruta en un plato grande y hermoso de oro, y así, en nombre del campesino, se la presentaría al rey. Entonces la fruta, aunque indigna en sí misma de ser un regalo del rey, se convertiría en digna de su majestad, debido al plato de oro sobre el que descansaba y a la persona que la presentaba.

(3) Ella presenta estas buenas obras a Jesucristo, pues no guarda para sí nada de lo que se le da, como si ella fuera nuestro último fin. Ella lo remite todo fielmente a Jesús. Si le damos a ella, se lo damos necesariamente a Jesús; si la alabamos o la glorificamos, alabamos y glorificamos al mismo tiempo a Jesús. Como antaño, cuando santa Isabel la alababa, así ahora, cuando la alabamos y la bendecimos, ella misma canta: *Magnificat anima mea Dominum* —"Mi alma glorifica al señor"—.

(4) Ella persuade a Jesús para que acepte estas buenas obras, por pequeñas y pobres que sean para ese Santo de santos y ese Rey de reyes. Cuando presentamos alguna cosa a Jesús por nosotros mismos, y confiando en nuestra propia industria y disposición, Jesús examina la ofrenda, y a menudo la rechaza a causa de las manchas que ha contraído por el amor propio; al igual que antiguamente rechazaba los sacrificios de los judíos cuando estaban llenos de su propia voluntad. Pero cuando le presentamos una cosa por las manos puras y virginales de su Bienamada, lo tomamos por su lado débil, si se puede usar este término. Él no considera tanto la cosa que se le da, como la Madre que se la da. Así María, que nunca es repelida y siempre es bien recibida por su Hijo, hace que todo lo que le presenta grande o pequeño, sea aceptable para su Majestad. Para que Jesús lo reciba y se complazca en ello, basta con que María lo presente. Este es el gran consejo que san

Bernardo solía dar a aquellos a quienes conducía a la perfección: "Cuando quieras ofrecer algo a Dios, tened cuidado de ofrecerlo por las manos más agradables y dignas de María, a no ser que quieras que sea rechazada" —*Modicum quod offerre desideras manibus Mariæ offerendum tradere cura, si non vis sustinere repulsam*—.

¿No es esto lo que la propia naturaleza sugiere al pequeño con respecto al grande, como hemos visto ya? ¿Por qué no ha de llevarnos la gracia a hacer lo mismo con respecto a Dios, que es infinitamente exaltado sobre nosotros, y ante el cual somos menos que átomos? Viendo, además, que tenemos una abogada poderosa que nunca es rechazada, llena de invenciones, que conoce todos los caminos secretos para ganar el corazón de Dios; y buena y caritativa, que no desprecia a nadie, por pequeño y miserable que sea.

Presentaré la verdadera prefiguración de estas verdades en la historia de Jacob y Rebeca.

Cuarto Motivo. Esta devoción, fielmente practicada, es un excelente medio para asegurarnos de que el valor de todas nuestras buenas obras se empleará para la mayor gloria de Dios. Casi nadie actúa con ese noble fin, aunque todos tenemos la obligación de hacerlo. O no sabemos dónde se encuentra la mayor gloria de Dios, o no sabemos encontrarla. Pero la Santísima Virgen, a quien cedemos el valor y el mérito de las buenas obras que hagamos, sabe perfectamente dónde se encuentra la mayor gloria de Dios; y como ella no hace nada que no sea para la mayor gloria de Dios, un perfecto siervo de esa buena Señora, que está totalmente consagrado a ella, puede decir con la mayor seguridad que el valor de todas sus acciones, pensamientos y palabras se emplea para la mayor gloria de Dios, a menos que revoque su ofrenda. ¿Hay alguna consolación igual a esta para un alma que ama a Dios con un amor puro y desinteresado, y que valora la gloria y los intereses de Dios mucho más allá de los suyos propios?

Quinto motivo. Esta devoción es un medio *fácil, breve, perfecto* y *seguro* de llegar a la unión con Nuestro Señor, en la que consiste la perfección del cristiano.

1. Es un *camino fácil.* Es el camino que Jesucristo mismo recorrió al venir a nosotros, y en el que no hay obstáculo para llegar a Él. Es verdad que podemos llegar a la unión divina por otros caminos, pero es por muchas más cruces, muertes extrañas y con muchas más dificultades que nos será duro superar. Debemos atravesar noches oscuras, combates, agonías extrañas, montañas escarpadas, espinas crueles y desiertos espantosos. Pero, por el camino de María, pasamos más suave y más tranquilamente.

Encontramos, es verdad, grandes batallas que librar y grandes dificultades que dominar; pero esa buena y misericordiosa Madre se hace tan presente y cercana a sus fieles siervos, para iluminarlos en sus tinieblas y en sus dudas, para fortalecerlos en sus temores y sostenerlos en sus luchas y en sus dificultades, que en verdad este camino virginal para encontrar a Jesucristo es un camino de rosas y de miel comparado con los otros caminos. Ha habido algunos santos, aunque han sido en pequeño número, que han pasado por este dulce camino para ir a Jesús, porque el Espíritu Santo, fiel esposo de María, se lo ha revelado con singular gracia. Tales fueron san Efrén, san Juan Damasceno, san Bernardo, san Buenaventura, san Francisco de Sales y otros. Pero el resto de los santos, que son el mayor número, aunque todos han tenido devoción a nuestra Santísima Señora, no han (o al menos muy poco) entrado en este camino. Por eso han tenido que pasar por pruebas más rudas y peligrosas.

¿Cómo es, pues, me dirán algunos fieles servidores de María, que los leales devotos de esta buena Madre tienen tantas ocasiones de sufrir, más aún que otros que no le son tan devotos? Se les contradice, se les persigue, se les calumnia, el mundo no puede soportarlos; o, de nuevo, caminan en tinieblas interiores, y en desiertos donde no hay la menor gota del rocío del cielo. Si esta devoción a la Santísima Virgen hace más fácil el camino a Jesús, ¿cómo es que los que la siguen son los más despreciados de los hombres?

Respondo que es muy cierto que los más fieles servidores de la Santísima Virgen, siendo también sus mayores predilectos, reciben de ella las mayores gracias y favores del cielo, que son las cruces. Pero sostengo que son quienes llevan estas cruces con más facilidad, más mérito y más gloria. Lo que mil veces detendría el progreso de otro, o tal vez le haría caer, ni una sola vez detiene sus pasos, sino que más bien les permite avanzar; porque esa buena Madre, toda llena de las gracias y unción del Espíritu Santo, conserva todas las cruces que corta para ellos en el azúcar de su dulzura maternal, de modo que se las tragan alegremente, como frutas en conserva, por amargas que sean en sí mismas; y creo que un hijo que quiera ser devoto y vivir piadosamente en Jesucristo y, por consiguiente, sufrir persecuciones y llevar su cruz cada día, nunca cargará grandes cruces, ni las llevará alegre o perseverantemente, sin una tierna devoción a la Virgen, que es el dulce y el confite de las cruces; como no podría una persona comer frutas inmaduras, sin un gran esfuerzo que difícilmente podría mantener, a no ser que hubieran sido conservadas en azúcar.

2. Esta devoción a la Santísima Virgen es un *camino corto* para encontrar a Jesucristo, tanto porque es un camino del que no nos desviamos, como porque, como he dicho antes, es un camino que recorremos con alegría y facilidad, y por consiguiente con prontitud. Avanzamos más en un breve período de sumisión y dependencia de María que en años enteros de voluntad propia y apoyo en nosotros mismos. El hombre obediente y sumiso a María cantará las señales de victoria que obtendrá sobre sus enemigos. Tratarán de impedir su avance, o de hacerle retroceder, o de hacerle caer.

Esto es cierto. Pero con el apoyo, la ayuda y la guía de María, sin caer, sin retroceder un paso, sin aflojar ni un ápice, avanzará a pasos agigantados hacia Jesús, por el mismo camino por el que sabe que Jesús también llegó a nosotros a pasos agigantados y en el más breve espacio de tiempo.

¿Por qué crees que Jesús vivió tan poco tiempo en la tierra, y de esos pocos años pasó casi todos en sujeción y obediencia a su Madre? Ah, esta es la verdad: que Él se hizo perfecto en poco tiempo, pero vivió esa perfección más tiempo que Adán, cuya caída Él había venido a reparar, aunque el patriarca vivió más de novecientos años. Jesucristo vivió un largo tiempo, decimos, porque vivió en completa sujeción a su Santa Madre y estrechamente unido a ella para obedecer así a Dios, su Padre. Porque el Espíritu Santo dice que un hombre que honra a su madre es como un hombre que guarda un tesoro; es decir, el que honra a María como su Madre, hasta el punto de someterse a ella y obedecerla en todo, pronto se hará rico: (1) porque cada día acumula tesoros, por el secreto de aquella piedra filosofal —*Qui honorat matrem quasi qui thesaurizat*—; (2) porque es el seno de María el que ha rodeado y engendrado a un hombre perfecto, y ha tenido la capacidad de contener a Aquel a quien todo el universo no podía contener ni comprender. Es, digo, en el seno de María donde los que son jóvenes se convierten en ancianos en luz, en santidad, en experiencia y en sabiduría, y en donde llegamos en pocos años a la plenitud de la edad de Jesucristo.

3. Esta práctica de la devoción a la Santísima Señora es un camino *perfecto* para ir a unirnos a Jesús, porque la divina María es la más perfecta y la más santa de las creaturas, y porque Jesús, que ha venido a nosotros de la manera más perfecta, no tomó otro camino para su gran y admirable viaje. El Altísimo, el Incomprensible, el Inaccesible, Aquel que Es, se ha dignado venir a nosotros, pequeños gusanos que no somos nada. ¿Cómo lo ha hecho? El Altísimo ha bajado a nosotros perfecta y divinamente por medio de la humilde María. Ha venido a nosotros por medio de ella, sin perder nada de su divinidad y santidad. Así, por María, los indeciblemente pequeños han de ascender, perfecta y divinamente, y sin temor alguno al Altísimo. El Incomprensible se ha dejado comprender y contener perfectamente por la pequeña María, sin perder nada de su inmensidad. Así también es por la pequeña María que debemos dejarnos sostener y guiar perfectamente sin ninguna reserva. La Biblia se ha acercado a nosotros y se ha unido estrechamente a nosotros, perfecta y personalmente, a nuestra humanidad, por María, sin perder nada de su inmensidad. Así también es por María que podemos acercarnos a Dios y unirnos perfecta y estrechamente a su Majestad, sin temor a ser repelidos. En una palabra, Aquel que Es ha querido venir a lo que no es y hacer que aquello que no es se convierta

en Dios en Aquel que Es; y lo ha hecho perfectamente entregándose y sujetándose enteramente a la joven Virgen María sin dejar de ser en el tiempo Aquel que es eterno. Del mismo modo es por María que nosotros, que no somos nada, podemos llegar a ser semejantes a Dios por la gracia y la gloria, entregándonos a ella tan perfecta e íntegramente que no seamos nada en nosotros mismos, sino todo en ella, sin temor a engañarnos.

Háganme, si quieren, un nuevo camino para ir a Jesús, y paviméntenlo con todos los méritos de los bienaventurados, adórnenlo con todas sus virtudes heroicas, ilumínenlo y embellézcanlo con todas las luces y bellezas de los ángeles, y que todos los ángeles y santos estén allí para escoltar, defender y sostener a los que están dispuestos a caminar por él; y sin embargo, en verdad, en simple verdad, digo audazmente, y repito que digo verdaderamente, que preferiría a este nuevo camino perfecto el camino inmaculado de María —*Posui immaculatam viam meam*. Es el camino sin mancha ni mácula, sin pecado original ni actual, sin sombra ni oscuridad. Cuando mi dulce Jesús en su gloria venga por segunda vez a la tierra, como es seguro que lo hará, para reinar en ella, no escogerá otro camino para su viaje que la divina María, por quien vino la primera vez con tanta seguridad y perfección. Pero habrá una diferencia entre su primera y su última venida. La primera vez vino secreta y ocultamente; la segunda vendrá gloriosa y esplendorosamente. Pero ambas veces vendrá perfectamente, porque ambas veces vendrá por María. He aquí un misterio que no se comprende: *Hic taceat omnis lingua* —"Que calle toda lengua"—.

4. Esta devoción a la Santísima Virgen es también un camino seguro para ir a Jesús y para adquirir la perfección uniéndonos a Él.

(1) Es un camino seguro porque la práctica que enseño no es nueva. El Sr. Boudon, que murió hace poco en olor de santidad, dice, en un libro que compuso sobre esta devoción, que es tan antigua que no podemos fijar con precisión la fecha de su comienzo. San Odilón, abad de Cluny, que vivió hacia el año 1040, fue uno de los primeros que la practicó públicamente en Francia, como está registrado en su biografía. El cardenal Pedro Damián cuenta que, en el año 1036, el beato Marino, su hermano, se hizo esclavo de la Santísima Virgen en presencia de su director, de la manera más edificante. Se puso una soga al cuello, tomó la disciplina y depositó sobre el altar una suma de dinero en señal de devoción y consagración a Nuestra Señora, y continuó esta devoción tan fielmente durante toda su vida, que mereció ser visitado y consolado a su muerte por su buena Señora, y recibió de su boca la promesa del Paraíso en recompensa por sus servicios.

Cesarius Bollandus menciona a un ilustre caballero, Vautier de Birbac, quien hacia el año 1500 se consagró a la Santísima Virgen. Esta devoción también fue practicada por varias personas famosas hasta el siglo XVII, cuando se hizo pública.

El padre Simón de Rojas, de la Orden de la Trinidad para la Redención de los Cautivos, y predicador de Felipe III, popularizó esta devoción en España y Alemania; y por instancia de Felipe III, obtuvo de Gregorio XV amplias indulgencias para los que la practicaban. El Padre Bartolomé de los Ríos, agustino, se dedicó, con su íntimo amigo, el Padre Rojas, a difundir esta devoción, predicándola y escribiéndola, por España y Alemania. Compuso un grueso volumen, titulado *De Hierarchia Mariana —De la Jerarquía Mariana—*, en el que trata, con tanta piedad como erudición, de la antigüedad, excelencia y solidez de esta devoción. Los Padres Teatinos, en el siglo XVII, establecieron esta devoción en Italia, Sicilia y Saboya. El Padre Stanislas Phalacius, jesuita, incrementó esta devoción maravillosamente en Polonia. El Padre De los Ríos, en su obra recién citada, cita los nombres de príncipes, princesas, duques y cardenales, de diferentes reinos, que abrazaron esta devoción.

Cornelio a Lapide, tan recomendado por su piedad como por su profunda erudición, habiendo recibido de varios teólogos el encargo de examinar esta devoción, lo hizo con gran madurez y deliberación, y la alabó del modo que cabía esperar de su conocida piedad; y muchas otras personas distinguidas han seguido su ejemplo.

Los Padres jesuitas, siempre celosos en el servicio de la Santísima Virgen, presentaron, en nombre de los congregantes de Colonia, un pequeño tratado sobre esta devoción al Duque Fernando de Baviera, que era entonces arzobispo de Colonia. Él le dio su aprobación y permiso para imprimirlo y exhortó a todos los párrocos y religiosos de su diócesis a promover la devoción tanto como pudieran. El cardenal Berulle, cuya memoria es bendecida en toda Francia, fue uno de los más celosos en la difusión de esta devoción en aquel país, a pesar de todas las calumnias y persecuciones que sufrió por parte de críticos y libertinos. Le acusaron de novedad y superstición. Escribieron y publicaron contra él un libelo para difamarlo; e hicieron uso, o más bien fue el diablo por su ministerio, de mil sutilezas para impedir que difundiera la devoción en Francia. Pero aquel grande y santo hombre solo respondió a sus calumnias con su paciencia; y respondió a las objeciones contenidas en su libelo con un breve tratado, en el que las refutó de la manera más convincente. Les demostró que la devoción se fundaba en el ejemplo de Jesucristo, en las obligaciones que tenemos para con Él y en los votos que hemos hecho en el santo bautismo. Fue principalmente por esta última razón por la que cerró la boca a sus adversarios, haciéndoles ver que esta consagración a la santa Virgen, y a Jesucristo por sus manos, no es otra cosa que una perfecta renovación de los votos y promesas del bautismo. Dijo muchas cosas hermosas sobre esta práctica, que pueden leerse en sus obras.

También podemos ver en el libro de M. Boudon los diferentes papas que han aprobado esta devoción, los teólogos que la han examinado, las persecuciones que han sufrido y superado, y los miles de personas que la han abrazado sin que ningún papa la haya condenado jamás. De hecho, no podemos ver cómo podría ser condenada sin derribar los fundamentos del cristianismo. Está claro, entonces, que esta devoción no es nueva; y que, si no es común, es porque es demasiado preciosa para ser apreciada y practicada por todo el mundo.

(2) Esta devoción es un medio seguro para ir a Jesucristo, porque es propio de la Santísima Virgen conducirnos con seguridad a Jesús, como es propio de Jesús conducirnos con seguridad al Padre eterno. Las personas espirituales, por tanto, no deben caer en la falsa creencia de que María puede ser un obstáculo para que alcancen la unión divina; porque ¿es posible que aquella que ha hallado gracia ante Dios para todo el mundo en general, y para cada uno en particular, sea un obstáculo para que un alma consiga la gran gracia de la unión con Él? ¿Puede ser posible que quien ha estado toda llena y sobreabundante de gracias, tan unida y transformada en Dios que ha sido una especie de necesidad que Él se encarnara en ella, sea un obstáculo en el camino de la perfecta unión de un alma con Dios? Es cierto que la vista de otras criaturas, por muy santas

que sean, puede retardar a veces la unión divina. Pero esto no puede decirse de María, como he repetido y no me cansaré de repetir. Una de las razones por las que tan pocas almas alcanzan la plenitud de la edad de Jesucristo es porque María, que es tanto la Madre del Hijo como siempre la fecunda esposa del Espíritu Santo, no está suficientemente formada en sus corazones. El que quiera tener el fruto bien maduro y bien formado debe tener el árbol que lo produce. El que quiera tener el fruto de la vida, Jesucristo, debe tener el árbol de la vida, que es María. El que quiera tener en sí la operación del Espíritu Santo debe tener a su esposa fiel e indisoluble, la divina María, que lo hace fecundo y fructífero, como hemos dicho en otro lugar.

Persuádanse, pues, de que cuanto más observen a María en sus oraciones, contemplaciones, acciones y sufrimientos, si no con una vista distinta y definida, al menos con una general e imperceptible, tanto más perfectamente encontrarán a Jesucristo, que está siempre con María, grande, poderoso, operativo e incomprensible.

Así, pues, lejos de ser la divina María, toda absorbida en Dios, un obstáculo para que los perfectos alcancen la unión con Dios, no ha habido hasta ahora, ni habrá jamás, criatura alguna que nos ayude más eficazmente en esta gran obra, ya sea por las gracias que nos comunicará para este efecto (pues, como ha dicho un santo, "nadie puede llenarse del pensamiento de Dios sino por ella": *Nemo cogitatione Dei repletur, nisi per te*), o por liberarnos de las ilusiones y engaños del espíritu maligno, que ella nos garantizará.

Donde está María, no está el espíritu maligno. Una de las señales más infalibles que podemos tener de que somos guiados por el buen Espíritu es que seamos muy devotos de María, que pensemos a menudo en ella y que hablemos a menudo de ella.

Este último es el pensamiento de un santo, que añade que, así como la respiración es una señal cierta de que el cuerpo no está muerto, el pensar y amar a María con frecuencia en la vocación es una señal cierta de que el alma no está muerta por el pecado.

Así como María es la única, dice la Iglesia (y el Espíritu Santo, que guía a la Iglesia), que hace naufragar todas las herejías —*Sola cunctas hœreses interemisti in universo mundo*—, podemos estar seguros de que, por mucho que se quejen los críticos, ningún fiel devoto de María caerá jamás en herejía o ilusión, al menos formal. Es muy posible que se equivoque materialmente, que tome la falsedad por la verdad y el espíritu malo por el bueno; y aun así lo hará con más dificultad que otros. Pero tarde o temprano reconocerá su falta material y su error; y cuando lo sepa, no será en modo alguno autoopinante en creer y mantener lo que antes creía verdadero. Quien quiera, pues, apartar el temor de la ilusión, que es la timidez que asedia a los hombres de oración, y avanzar en el camino de la perfección, y segura y perfectamente encontrar a Jesucristo, que abrace con gran corazón —*corde magno et animo volenti*— esta devoción a la Santísima Virgen, que tal vez no haya conocido antes; que entre en este excelente camino, que le era desconocido, y que ahora le señalo: *Excellentiorem viam vobis demonstro.*

Es un camino recorrido por Jesucristo, la Sabiduría Encarnada, nuestra única cabeza. Ninguno de sus miembros, al pasar por el mismo camino, puede engañarse. Es un camino *fácil*, por la plenitud de la gracia y la unción del Espíritu Santo, que lo llena hasta la saciedad. Nadie se cansa allí; nadie que camine por allí tiene que volver sobre sus pasos. Es un camino *corto* que nos lleva a Jesús en poco tiempo. Es un camino *perfecto*, donde no hay barro, ni polvo, ni la menor mancha de pecado. Por último, es un camino *seguro*, que nos conduce a Jesucristo y a la vida eterna de una manera recta y segura, sin desviarnos ni a la derecha ni a la izquierda. Pongámonos, pues, en camino y caminemos por él día y noche, hasta que lleguemos a la plenitud de la edad de Jesucristo.

Sexto Motivo. Esta práctica de la devoción da a los que la practican fielmente una gran libertad interior, que es la libertad de los hijos de Dios. Porque, como por esta devoción nos hacemos esclavos de Jesucristo, y nos consagramos enteramente a Él en esta calidad, nuestro Buen Maestro, en recompensa por la captividad amorosa en que nos ponemos: (1) quita del alma todo escrúpulo y temor servil, con todo lo que es capaz de contraerla, aprisionarla o confundirla; (2) ensancha el corazón por una firme confianza en Dios, haciéndole que le mire como a un Padre; y (3) nos inspira un amor tierno y filial.

Sin detenerme a probar estas verdades con argumentos, me contentaré con citar aquí lo que he leído en la vida de la Madre Inés de Jesús, dominica del convento de Langeac, en Auvernia, que murió allí en olor de santidad en el año 1634. Cuando solo tenía siete años y sufría grandes dolores espirituales, oyó una voz que le decía que, si quería librarse de todos sus dolores y ser protegida de todos sus enemigos, debía hacerse lo más pronto posible esclava de Jesús y de su santísima Madre. Apenas regresó a la casa, se entregó enteramente a Jesús y a su Madre en esta calidad, aunque hasta entonces no había sabido lo que significaba aquella devoción. Encontró una cadena de hierro, se la puso alrededor del cuerpo y la llevó hasta su muerte. Después de esta acción, todos sus dolores y escrúpulos cesaron, y se encontró en una gran paz y dilatación de corazón. Fue esto lo que la impulsó a enseñar la devoción a muchas personas, que hicieron grandes progresos en ella, y, entre otros, al Sr. Olier, fundador de San Sulpicio, y a muchos sacerdotes y eclesiásticos del mismo seminario. Un día, Nuestra Señora se le apareció y le puso al cuello una cadena de oro, para expresar la alegría que sentía de que la Madre Inés se hubiera convertido en esclava de su Hijo y en su propia esclava; y santa Cecilia, que acompañó a Nuestra Señora en esa aparición, dijo a los religiosos: "Felices los fieles esclavos del Reino del Cielo; ellos gozarán de la verdadera libertad": *Tibi servire libertas*.

Séptimo Motivo. Otra consideración que puede incitarnos a abrazar esta práctica es el gran bien que nuestro prójimo obtendrá de ella. Porque por esta práctica le hacemos caridad de una manera eminente, viendo que le damos por manos de María todo lo que es más precioso para nosotros mismos, que es el valor de todas nuestras buenas obras, sin exceptuar el menor buen pensamiento, o el más pequeño sufrimiento. Estamos de acuerdo en que todas las satisfacciones que hayamos adquirido, o que podamos adquirir hasta el momento de nuestra muerte, deben ser empleadas a voluntad de Nuestra Señora, bien para la conversión de los pecadores, bien para la liberación de las almas del Purgatorio.

¿No es esto amar perfectamente al prójimo? ¿No es esto ser el verdadero discípulo de Jesucristo, al que siempre hay que reconocer por su caridad? ¿No es este el modo de convertir a los pecadores sin temor a la vanidad, y de librar a las almas del Purgatorio, sin hacer apenas otra cosa que lo que estamos obligados a hacer por nuestro estado de vida?

Para comprender la excelencia de este motivo debemos comprender también qué bien es convertir a un pecador o librar a un alma del purgatorio. Es un bien infinito, que es mayor que crear el cielo y la tierra, porque damos a un alma la posesión de Dios. Si por esta práctica libramos un alma en nuestra vida del purgatorio, o convertimos un solo pecador, ¿no sería esto suficiente para inducir a un hombre verdaderamente caritativo a abrazarla? Pero debemos observar que, a medida que nuestras buenas obras pasan por la mano de María, reciben un reconocimiento de pureza, de mérito y de valor impetratorio satisfactorio. Por eso, son más capaces de aliviar a las almas del purgatorio y de convertir a los pecadores que si no hubieran pasado por las manos virginales y liberales de María. Puede ser poco lo que demos por la Virgen, pero, en verdad, si se da sin nuestra voluntad y con una caridad desinteresada, ese título se hace muy poderoso para apartar la ira de Dios y atraer su misericordia. No sería de extrañar que, a la hora de la muerte, se descubriera que una persona fiel a esta práctica, por medio de ella, hubiera librado del purgatorio a muchas personas y convertido a muchos pecadores, a pesar de no haber hecho nada más que las acciones ordinarias de su estado de vida ¡Qué alegría a la hora del juicio! ¡Qué gloria en su eternidad!

Octavo Motivo. Por último, lo que en cierto modo nos compromete persuasivamente con esta devoción a Nuestra Señora es que es un admirable ejemplo de perseverancia y fidelidad en la virtud. ¿De dónde viene que la mayoría de las conversiones de pecadores no sean durables? ¿Por qué recaemos tan fácilmente en el pecado? ¿De dónde viene que la mayor parte de los justos, pese a pasar de virtud en virtud y adquirir nuevas gracias, pierdan a menudo la poca virtud y la poca gracia que tienen? Esta fortuna proviene, como he mostrado antes, del hecho de que el hombre es a la vez corrupto, débil e inconstante, y sin embargo confía en sí mismo, se apoya en sus propias fuerzas y se cree capaz de guardar el tesoro de sus gracias, de sus virtudes y méritos. En cambio, por esta devoción confiamos todo lo que poseemos a la Santísima Virgen, que es fiel, la tomamos por depositaria universal de todos nuestros bienes de naturaleza y de gracia. A su fidelidad los confiamos. En su poder nos apoyamos. En su misericordia y caridad construimos, para que conserve y aumente nuestras virtudes y méritos, a pesar del demonio, del mundo y de la carne, que ponen todo su empeño en arrebatárnoslos. Le decimos, como un buen hijo a su madre, y un siervo fiel a su señora —*Depositum custodi*—, "Mi buena Madre y mi Señora, reconozco que hasta este momento he recibido, por vuestra intercesión, más gracia de Dios de la que merezco; y mi triste experiencia me enseña que llevo este tesoro en un frágil recipiente y que soy demasiado débil y miserable para guardarlo con seguridad por mí mismo. Te ruego, por lo tanto, que recibas en confianza todo lo que poseo y me lo guardes con tu fidelidad y poder. Si me lo guardas, no perderé nada; si me sostienes, no caeré; si me proteges, estaré a salvo de mis enemigos". Escucha lo que decía san Bernardo para animarnos a adoptar la práctica: "Cuando María te sostenga, no caerás; cuando te proteja, no tendrás que temer; cuando te guíe, no te cansarás; cuando te favorezca, llegarás a puerto seguro" —*Ipsa tenente, non corruis; ipsa propitia, pervenis.* San Buenaventura parece decir lo mismo en términos aún más formales. "La Santísima Virgen," dice, "no solo es retenida en la plenitud de los santos, sino que también retiene y mantiene a los santos en su plenitud, para que no disminuya. Ella impide que sus virtudes se disipen, que sus méritos se marchiten, que sus gracias se pierdan, que los demonios les hagan daño, e incluso que Nuestro Señor los castigue cuando pecan" —*Virgo non solum in plenitudine sanctorum detinetur, sed etiam in plenitudine sanctos detinet, ne plenitudo minuatur; detinet virtutes, ne fugiant; detinet merita, ne pereant; detinet gratias, ne effluant; detinet dæmones, ne noceant; detinet Filium, ne peccatores percutiat* (St. Buenaventura. *In Specul. B. V.*)—.

Nuestra Santísima Virgen es la Virgen fiel, que con su fidelidad a Dios repara las pérdidas que la infiel Eva ha causado con su infidelidad. Ella es quien obtiene las gracias de la fidelidad y la perseverancia para quienes se adhieren a ella. Por eso un santo la compara con un ancla firme que los sujeta e impide que naufraguen en las agitadas aguas de este mundo, donde tantos perecen simplemente por no sujetarse a esa ancla. "Sujetamos nuestras almas", dice, "a tu esperanza, como a un ancla permanente": *Animas ad spem tuam sicut ad firmam ancoram alligamus*. Es a ella a quienes los santos que se han salvado han sido los más apegados, y han hecho su mejor esfuerzo para sumar a otros, a fin de perseverar en la virtud. Dichosos, pues, mil veces dichosos, los cristianos que ahora se aferran fiel y enteramente a ella, como a un ancla firme. La violencia de las tempestades de este mundo no los hará naufragar, ni hundirá su tesoro celestial. ¡Felices los que entran en María, como en el arca de Noé! Las aguas del diluvio del pecado, que ahogan a tan gran parte del mundo, no les harán daño, pues: *Qui operantur in me non peccabunt*, o "Los que trabajan en mí no pecarán", dice María, con la Sabiduría. Bienaventurados los hijos infieles de la infeliz Eva, si tan solo se adhieren a la fiel Madre y Virgen, que permanece siempre fiel y nunca decepciona: *Fidelis permanet, seipsam negare non potest!* Siempre ama a los que la aman, *Ego diligentes me diligo*, no solo con un amor afectivo, sino con uno efectivo y eficaz, impidiéndoles, mediante una gran abundancia de gracias, que retrocedan en la búsqueda de la virtud, que caigan en el camino, y que pierdan la gracia de su Hijo. Esta buena Madre, siempre por pura caridad, recibe lo que depositamos en ella; y ella en su oficio de depositaria, está obligada por justicia, en virtud del contrato de custodia, a guardarlo con seguridad: tal y como una persona, a quien he dejado mil libras estaría obligada a guardarlas para mí; de modo que si, por su negligencia, se perdieran, sería en justicia responsable ante mí por esos fondos. Pero la fiel María no puede dejar que cualquier cosa que se ha confiado a ella se pierda por negligencia. El cielo y la tierra pasarían antes de que ella pudiera ser negligente o infiel con los que confían en ella.

Pobres hijos de María, pues su debilidad es extrema, su inconstancia es grande, su naturaleza interior está completamente corrompida. Proceden (lo reconozco) de la misma masa corrupta que todos los hijos de Adán y Eva. Pero no se desanimen por ello. Consuélense y regocíjense de tener el secreto que les enseño, un secreto desconocido para casi todos los cristianos, incluso los más devotos. No dejen su oro y plata en sus arcas, que ya han sido abiertas por los espíritus malignos, que les han robado. Esos cofres son demasiado pequeños, débiles y viejos, para un tesoro tan precioso y tan grande. No pongan el agua pura y clara de la fuente en sus vasijas, todas manchadas e infectadas por el pecado. Si el pecado ya no está, al menos su olor sí, y así el agua se echará a perder. No pongan en sus viejas barricas, que han contenido vino malo, sus exquisitos vinos; de lo contrario, incluso estos vinos se echarán a perder, y tal vez se rompan las barricas y se derramen por el suelo.

Aunque ustedes, almas predestinadas, me comprenden bastante bien, hablaré aún más abiertamente. No confíen el oro de su caridad, la plata de su pureza, las aguas de sus gracias celestiales, ni los vinos de sus méritos y virtudes, a un saco roto, a un cofre viejo y roto, a una vasija estropeada y corrompida, como ustedes mismos; de lo contrario, serán despojados por los ladrones (es decir, los demonios) que buscan y vigilan noche y día el momento oportuno para hacerlo; e infectarán, con su propio mal olor de amor propio, de confianza en ustedes mismos y de voluntad propia, todo lo más puro que Dios les ha dado. Vierte, vierte en el seno y en el corazón de María todos tus tesoros, todas tus gracias, todas tus virtudes. Ella es un vaso espiritual, es un vaso de honor, es un vaso maravilloso de devoción: *Vas spirituale, vas honorabile, vas insigne devotionis.*

Desde que Dios mismo ha sido encerrado en persona, con todas sus perfecciones, en ese vaso, se ha vuelto totalmente espiritual, y la morada espiritual de las almas más espirituales. Se ha vuelto honorable y el trono de honor para los más grandes príncipes de la eternidad. Se ha hecho maravillosa en su devoción, y la más ilustre de las moradas, por gracia y por virtud. Ha llegado a ser rica como una casa de oro, fuerte como torre de David, y pura como una torre de marfil. ¡Ah, qué feliz es el hombre que ha dado todo a María! Pertenece del todo a María y María le pertenece del todo a él. Puede decir audazmente con David: *Hæc facta est mihi* —"María está hecha para mí"— o, con el discípulo amado, *Accepi eam in mea* —"La he tomado por todos mis bienes"—; o con Jesucristo: *Omnia mea tua sunt, et omnia tua mea sunt* —"Todo lo que tengo es tuyo y todo lo tuyo es mío"—.

Si a algún crítico que lea esto se le metiera en la cabeza que yo hablo aquí exageradamente y con devoción extravagante, no me entiende, ya sea porque es un hombre carnal, que no tiene gusto para las cosas espirituales o porque es un mundano, que no puede recibir el Espíritu Santo; o porque es orgulloso y crítico, que condena y desprecia todo lo que él mismo no entiende. Pero las almas que no han nacido de la sangre, ni de la carne, ni de la voluntad del hombre, sino de Dios y María, me entienden y disfrutan lo que digo; y es para ellas que escribo. Sin embargo, digo ahora tanto para los unos como para los otros, al volver de esta digresión, que la divina María, siendo la más graciosa y generosa de todas las criaturas puras, nunca se deja vencer en amor y generosidad. Como dijo de ella un santo varón: "Por un huevo, te da un buey", es decir, por poco que se le da, ella da mucho de lo que ha recibido de Dios. Por lo tanto, si un alma se da sin reservas, ella se da a sí misma a esa alma sin reservas, si solo ponemos nuestra confianza en ella sin presunción y nos esforzamos por adquirir virtudes y refrenar nuestras pasiones.

Digan, pues, los fieles siervos de la Santísima Virgen con san Juan Damasceno: "Confiando en ti, oh, Madre de Dios, seré salvo; estando bajo tu protección, nada temeré; con tu socorro, daré batalla a mis enemigos y los pondré en fuga; porque la devoción a ti es un brazo de salvación, que Dios da a los que quiere salvar" —*Spem tuam habens, O Deipara, servabor; defensionem tuam possidens, non timebo; persequar inimicos meos et in fugam vertam, habens protectionem et auxilium tuum; nam tibi devotum esse est arma quæcedam salutis quæ Deus his dot quos vult salvos fieri.*

De todas las verdades que he expuesto acerca de la Santísima Virgen y de sus hijos y siervos, el Espíritu Santo nos da una figura admirable en las Escrituras. Es en la historia de Jacob, que recibió la bendición de su padre Isaac, por la habilidad y dolores de Rebeca, su madre. Esta es la historia, como el Espíritu Santo la relata. Más adelante añadiré una explicación al respecto.

Habiendo vendido Esaú a Jacob su primogenitura, Rebeca, la madre de los dos hermanos, que amaba tiernamente a Jacob, le aseguró esta ventaja muchos años después mediante un discurso santísimo y lleno de misterio. Isaac, sintiéndose muy viejo, y deseando bendecir a sus hijos antes de morir, llamó a su hijo Esaú, al que amaba, y le ordenó que saliera a cazar, para conseguirle algo de comer, a fin de poder bendecirle después. Rebeca informó inmediatamente a Jacob lo que había sucedido, y le ordenó que fuera y tomara dos cabritos del rebaño. Cuando se los dio a su madre, ella preparó para Isaac lo que sabía que le gustaría. Vistió a Jacob con los vestidos de Esaú, que guardaba, y le cubrió las manos y el cuello con la piel de los cabritos, para que su padre, que era ciego, al oír la voz de Jacob, pensara al menos por la piel de sus manos que era Esaú, su hermano. Isaac, sorprendido por la voz, que creyó que era la de Jacob, le hizo llevárselo. Habiendo tocado las pieles con que tenía cubiertas las manos, comprobó que la voz era realmente la de Jacob, pero que las manos eran las de Esaú. Después de haber comido y de haber sentido, al besar a Jacob, el olor de sus vestidos perfumados, lo bendijo, y deseó para él el rocío del cielo y la fecundidad de la tierra. Le hizo señor de todos sus hermanos, y terminó su bendición con estas palabras: "Maldito sea el que te maldiga, y el que te bendiga sea colmado de bendiciones". Apenas había terminado Isaac estas palabras, cuando entró Esaú y trajo consigo lo que había capturado mientras cazaba, para que su padre se lo comiera y luego lo bendijera. El santo patriarca se sorprendió con increíble estupor cuando comprendió lo que había sucedido. Pero, lejos de retractarse por lo que había hecho, al contrario, lo confirmó, pues vio demasiado claramente que el dedo de Dios estaba en el asunto. Esaú lanzó entonces grandes gritos, como señala la Sagrada Escritura, y acusando en voz alta el engaño de su hermano, preguntó a su padre si no tenía más que una bendición; siendo en este punto, como señalan los santos Padres, la imagen de aquellos que se alegran demasiado de Dios con el mundo, y están dispuestos a disfrutar de las consolaciones del cielo y de los consuelos de la tierra a la vez. Finalmente, Isaac, conmovido por los gritos de Esaú, lo bendijo, pero con una bendición de la tierra, sometiéndolo a su hermano. Esto le hizo concebir tal odio a Jacob, que solo esperó la muerte de su padre para matarlo. Tampoco Jacob habría escapado a la muerte, si su querida madre Rebeca no le hubiera salvado con su habilidad, y por los buenos consejos que le dio, y que él supo seguir.

Antes de explicar esta hermosa historia, debemos observar que, según los santos Padres y los intérpretes de la Escritura, Jacob es la figura de Jesucristo y de los predestinados, y Esaú la de los réprobos. No tenemos más que examinar las acciones y la conducta de uno y otro para formarnos un juicio al respecto.

1) Esaú, el mayor, era fuerte y robusto de cuerpo, diestro y hábil en el manejo del arco y en la caza. 2) Casi nunca se quedaba en la casa; y no confiando en nada más que en su propia fuerza y dirección, solo trabajaba al aire libre. 3) Se esforzaba muy poco por complacer a su madre Rebeca, y de hecho no hacía nada con ese fin. 4) Era tan glotón, y le gustaba tanto comer, que vendió su primogenitura por una cazuela. 5) Estaba, como Caín, lleno de envidia contra su hermano Jacob y lo persiguió sin medida.

Esta es la conducta cotidiana de los réprobos: 1) Confían en sus propias fuerzas y aptitudes para los asuntos temporales. Son muy fuertes, muy capaces y muy ilustrados en los negocios terrenales; pero muy débiles y muy ignorantes en las cosas celestiales —*In terrenis fortes, in cœlestibus debiles*—. 2) Es por esta razón que apenas están en sus propias casas —es decir, en su interior, que es el hogar interior y esencial que Dios ha dado a todo hombre, para que viva en él según su ejemplo—, porque Dios descansa siempre en Él. Los réprobos no aman el retiro, ni la espiritualidad, ni la devoción interior; y tratan de poca cosa, o de fanáticos, o de salvajes, a los que viven en su interioridad o retirados del mundo, y que trabajan más dentro que fuera. 3) Los réprobos prácticamente no se ocupan de la devoción a Nuestra Señora, la Madre de los predestinados. Es cierto que no la odian formalmente: en efecto, a veces la alaban, dicen que la aman e incluso practican alguna devoción en su honor. Sin embargo, no soportan que la amemos con ternura, porque no sienten por ella la ternura de Jacob. Tienen mucho que decir en contra de las prácticas de devoción que sus buenos hijos y siervos emplean fielmente para ganarse su afecto, porque no creen que la devoción sea necesaria para la salvación; y consideran que, si no odian formalmente a Nuestra Señora, pero desprecian abiertamente su devoción, es suficiente. Más aún, se imaginan que ya están en sus buenas gracias, y que, en fin, son sus siervos, por cuanto recitan y murmuran algunas oraciones en su honor, sin sentir ternura por ella, ni enmienda en sí mismos. 4) Los réprobos venden su primogenitura, es decir, los placeres del paraíso. La cambian por un potaje de lentejas, es decir, por los placeres de la tierra. Ríen, beben, comen, se divierten, juegan, bailan y no se esfuerzan más que Esaú en hacerse dignos de la bendición de su Padre Celestial. En una palabra, solo piensan en la tierra, y solo aman la tierra; y hablan y actúan solo por la tierra y por sus placeres, vendiendo por un momento de disfrute, por un vano soplo de honor, y por un bocado de metal duro, amarillo o blanco, su gracia bautismal, su manto de inocencia y su herencia celestial. 5) Por último, los réprobos odian y persiguen diariamente a los predestinados. Sienten a los predestinados como una carga para ellos, los desprecian, los critican, se burlan de ellos, los maltratan, los engañan, los empobrecen, los expulsan, los rebajan al polvo. Mientras ellos mismos se hacen melodías, se divierten, se colocan en buenas posiciones, se enriquecen, se engrandecen y viven a sus anchas.

En cuanto a Jacob, el más joven:

1. Era de constitución débil, manso y pacífico. Vivía la mayor parte del tiempo en su casa para ganarse los favores de su madre Rebeca, a quien amaba tiernamente. Si salía al exterior, no era por su propia voluntad, ni por ninguna confianza en su propia industria, sino para obedecer a su madre.

2. Amaba y honraba a su madre. Por eso se quedaba en casa. Evitaba todo lo que pudiera desagradarla y hacía todo lo que pensaba que la complacería; y esto aumentaba el amor que Rebeca ya le tenía.

3. Se sometía en todo a su querida madre. La obedecía enteramente en todos los asuntos, con prontitud, sin demora, y amorosamente, sin quejarse. A la menor señal de su voluntad, el pequeño Jacob corría y trabajaba y creía todo lo que ella le decía. Por ejemplo: cuando ella le dijo que hicera dos cabritos y que los hicera para que ella preparara algo para que su padre Isaac comiera, Jacob no respondió que uno era suficiente para hacer un plato para un solo hombre, sino que, sin razonar, hizo lo que ella le dijo que hiciera.

4. Tenía una gran confianza en su querida madre. Como no se apoyaba en lo más mínimo en su propia capacidad, se apoyaba exclusivamente en el cuidado y la protección de su madre. Se dirigió a ella en todas sus necesidades, y le consultó en todas sus dudas. Por ejemplo, cuando le preguntó si en lugar de una bendición no recibiría una maldición de su padre, le creyó y confió en ella cuando le dijo que tomaría la maldición sobre sí.

5. Por último, imitó tanto como le fue posible las virtudes que veía en su madre. Parece que una de sus razones para llevar una vida tan sedentaria en casa fuera imitar a su querida madre, que era virtuosa, y se mantenía alejado de las malas compañías, que corrompen las costumbres. Así se hizo digno de recibir la doble bendición de su amado padre.

Tal es también la conducta que los predestinados observan diariamente.

1. Son sedentarios y hogareños, junto a su Madre. En otras palabras, aman el retiro y la vida interior. Se entregan a la oración, pero a ejemplo y en compañía de su Madre, la santa Virgen, cuya gloria está toda en el interior y que durante toda su vida amó tanto el retiro y la oración. Es verdad que a veces se presentan fuera, en el mundo, pero es en obediencia a la voluntad de Dios y a la de su querida Madre, para cumplir los deberes de su estado. Por muy importantes que parezcan sus obras exteriores, estiman aún más las que realizan en su interior, en compañía de la Santísima Virgen. Porque es en su interior donde realizan la gran obra de su perfección, en comparación con la cual todas sus obras exteriores no son más que deportes infantiles. Es por esto que, mientras que a veces sus hermanos y hermanas están trabajando externamente con mucha energía, éxito y habilidad, en la alabanza y con la aprobación del mundo, ellos, por el contrario, saben por la luz del Espíritu Santo que hay mucha más gloria, más bien y más placer, en permanecer ocultos en retiro con Jesucristo, su modelo, en una entera y perfecta sujeción a su Madre, que hacer por sí mismos maravillas de la naturaleza y de la gracia en el mundo, como hacen tantos réprobos Esaús. *Gloria et divitiæ in domo ejus* (Sal 111, 3) —La Gloria para Dios y las riquezas para los hombres se hallan en la casa de María—.

¡Señor Jesús, qué dulces son tus tabernáculos! El gorrión ha encontrado una casa donde alojarse, y la tórtola un nido para sus pequeños. ¡Oh, feliz el hombre que habita en la casa de María, donde Tú fuiste el primero en hacer tu morada! Es en esta casa de los predestinados donde recibe socorro solo de ti, y donde ha dispuesto los peldaños y ascensos de todas las virtudes, para elevarse en su corazón a la perfección en este valle de lágrimas. *Quam dilecta tabernacula tua!*

2. Los predestinados aman y honran tiernamente a la Santísima Virgen como a su buena Madre y Señora. La aman no solo de palabra, sino de verdad. La honran no solo de palabra, sino en el fondo de su corazón. Evitan, como Jacob, todo lo que pueda desagradarla, y practican con fervor todo lo que creen que les hará encontrar gracia ante ella. Le traen y le dan, no dos corderos, como Jacob hizo con Rebeca, sino su cuerpo y su alma. Se los traen: (1) para que los reciba como cosas que le pertenecen; (2) para que los haga morir al pecado y al yo, despojándolos de su propia piel y de su amor propio, y así complacer a Jesús, su Hijo, que no quiere tener por discípulos y amigos más que a los que están muertos a sí mismos; (3) para que los prepare al gusto de nuestro Padre celestial, y para su mayor gloria, que conoce mejor que ninguna otra criatura; y (4) para que por sus cuidados e intercesiones este cuerpo y esta alma, purificados a fondo de toda mancha, despojados a fondo y bien preparados, sean una carne delicada, digna de la boca y de la bendición de nuestro Padre celestial. ¿No es esto lo que hacen los predestinados,

que saborean y practican la perfecta consagración a Jesucristo por manos de María, que ahora les enseñamos, para mostrar a Jesús y a María un amor eficaz y valeroso?

Los réprobos nos dicen bien alto que aman a Jesús, y que aman y honran a María, pero no es con sustancia, no es hasta el punto de sacrificarles su cuerpo con sus sentidos ni su alma con sus pasiones, como hacen los predestinados. Estos últimos están sujetos y son obedientes a la Santísima Virgen, como a su buena Madre; a ejemplo de Jesucristo, quien, de los treinta y tres años que vivió en la tierra, empleó treinta en glorificar a Dios su Padre, mediante una perfecta y entera sujeción a su Santa Madre.

3. Los predestinados obedecen a María siguiendo exactamente sus consejos, como el pequeño Jacob hizo con los de Rebeca, quien le dijo: *Acquiesce consiliis meis* —"hijo mío, sigue mis consejos"—, o como la gente en las bodas de Caná, a quien la Virgen dijo: *Quodcumque dixerit vobis, facite* —"Lo que les diga mi Hijo, eso hagan"—. Jacob, por haber obedecido a su madre, recibió la bendición, por decirlo así, milagrosamente, aunque naturalmente no la hubiera tenido. La gente en las bodas de Caná, por haber seguido el consejo de Nuestra Señora, fueron honrados con el primer milagro de Nuestro Señor, que allí convirtió el agua en vino por la oración de su Santa Madre. De la misma manera, todos aquellos que, hasta el fin de los tiempos,

reciban la bendición de nuestro Padre celestial y sean honrados con las maravillas de Dios, solo recibirán sus gracias como consecuencia de su perfecta obediencia a María. Los Esaús, por el contrario, pierden su bendición por su falta de sujeción a la Santísima Virgen.

4. Los predestinados tienen también una gran confianza en la bondad y el poder de nuestra Santísima Señora, la buena Madre. Piden incesantemente su ayuda. La ven como su estrella polar, que los conduce a buen puerto. Le exponen sus penas y sus necesidades con gran franqueza de corazón. Se apegan a su misericordia y a su dulzura, para obtener el perdón de sus pecados por su intercesión, o para saborear sus dulzuras maternales en sus dolores y cansancios.

Incluso se arrojan, se esconden y se pierden de un modo admirable en su seno amoroso y virginal, para inflamarse allí de puro amor, limpiarse allí de la menor mancha y encontrar plenamente a Jesús, que mora allí, como en su trono más glorioso. ¡Oh, qué felicidad! "No creas", dice el abad Gueric, "que es más feliz morar en el seno de Abraham que en el de María, pues es en este último donde Nuestro Señor ha colocado su trono": *Ne credideris majoris esse felicitatis habitare in sinu Abrahæ quam in sinu Mariæ, cum in eo Dominus posuerit thronum suum.*

Los réprobos, por el contrario, poniendo toda su confianza en sí mismos, solo comen con el pródigo lo que comen los cerdos. Comen tierra como los sapos, y, como los hijos del mundo, solo aman las cosas visibles y externas. No gustan de las dulzuras del seno de María. No tienen ese sentimiento de un lugar seguro de reposo y de una confianza segura, que sienten los predestinados en la santa Virgen, su buena Madre. Están miserablemente apegados a su hambre exterior, como dice san Gregorio, y no hacen ni siquiera la pretensión de tener algún gusto por la dulzura que está preparada dentro de ellos mismos, y dentro de Jesús y María.

5. Por último, los predestinados guardan los caminos de la Santísima Virgen, su buena Madre; es decir, la imitan. En este punto son verdaderamente felices y devotos, y llevan más especialmente la marca de su predestinación. Esta buena Madre les dice: *Beati qui custodiunt vias meas*; es decir, bienaventurados los que practican mis virtudes y, con la ayuda de la gracia divina, siguen las huellas de mi vida. Durante la vida son felices en este mundo, por la abundancia de gracias y dulzuras que les imparto de mi plenitud, y más abundantemente que a otros, que no me imitan tan de cerca. Son felices en su muerte, que es suave y tranquila, y en la que yo misma estoy presente, para conducirlos personalmente a las alegrías de la eternidad. Por último, serán felices en la eternidad, porque nunca se ha perdido ninguno de mis buenos siervos que haya imitado mis virtudes en vida.

Los réprobos, por el contrario, son infelices durante su vida, en su muerte y por toda la eternidad, porque no imitan a la Virgen en sus virtudes, sino que se contentan con inscribirse a veces en sus cofradías, recitando algunas oraciones en su honor, o con alguna devoción exterior. ¡Oh, Virgen santa, mi buena Madre, qué felices son aquellos, lo repito con cada latido de mi corazón, qué felices son aquellos que, no dejándose seducir por una falsa devoción hacia ti, guardan fielmente tus caminos, tus consejos y tus órdenes! Pero qué infelices y malditos son aquellos que abusan de tu devoción y no guardan los mandamientos de tu Hijo: *Maledicti omnes qui declinant a mandatis tuis!*

Veamos ahora los deberes caritativos que la Santísima Virgen, como la mejor de todas las Madres, cumple con los fieles siervos que se han entregado a ella como he descrito, siguiendo la figura de Jacob.

I. Los ama: *Ego diligentes me diligo* —"Yo amo a los que me aman"—. Los ama (1) porque es su verdadera Madre; y la madre ama a su hijo, fruto de sus entrañas; (2) los ama por gratitud, porque ellos la aman efectivamente como a su buena Madre; (3) los ama porque, siendo predestinados, Dios los ama —*Jacob dilexi, Esau autem odio habui*—; (4) los ama porque todos se han consagrado a ella, y son su posesión y su herencia —*In Israel hæreditare.*

Los ama con más ternura que todas las demás madres juntas. Tira, si puedes, todo el amor natural que todas las madres del mundo tienen por sus hijos, en el único corazón de una madre por un único hijo.

Y aun así es cierto que María ama a sus hijos más tiernamente de lo que esa madre amaría a su hijo.

No los ama solo con afecto, sino con eficacia. Su amor por ellos es activo y eficaz, igual al de Rebeca por Jacob, y mucho más allá.

Vean lo que hace esta buena Madre, de la que Rebeca no era más que una prefiguración, para obtener para sus hijos la bendición de nuestro Padre celestial.

1. Está atenta, como Rebeca, de ocasiones favorables para hacerles bien, para engrandecerlos y enriquecerlos. Ella ve claramente en Dios todos los bienes y todos los males, todas las suertes adversas y las bendiciones. Entonces, ella dispone de tal manera las cosas para eximir a sus siervos de toda clase de males y amontonar sobre ellos toda clase de bienes, de modo que, si existe la oportunidad de que, por medio de la fidelidad de una criatura Dios derrame sus bendiciones sobre sus hijos y siervos, María va a procurar que ese sea el caso y le dará la gracia para aceptarlas con fidelidad. Ha sido un santo quien ha dicho: *Ipsa procurat negotia nostra*, es decir, que ella negocia en nuestro nombre.

2. Ella también da a quienes acuden a ella buen consejo, como Rebeca a Jacob: *Fili mi, acquiesce consiliis meis* —"Hijo mío, sigue mis consejos"—. Entre otros consejos, les inspira que le traigan los dos cabritos; es decir, su cuerpo y su alma, con el fin de consagrarlos, hacer un potaje agradable a Dios y hacer cada cosa que Jesucristo, su Hijo, ha enseñado con sus palabras y

ejemplos. Si no es por sí misma que da estos consejos, es por ministerio de los ángeles, que no tienen mayor honor ni placer que descender a la tierra para obedecer alguno de sus mandatos y socorrer a alguno de sus siervos.

3. Cuando le hayan llevado y consagrado a ella su cuerpo y su alma, y todo lo que en ellos hay, sin exceptuar nada, ¿qué hace esa buena Madre? Lo que hizo Rebeca con los dos cabritos que le trajo Jacob. (1) Ella los mata —esto es, los hace morir al viejo Adán—. (2) Los despelleja —esto es, les quita su piel natural, sus inclinaciones naturales, de su amor propio, de su voluntad y apego a las criaturas—. (3) Los limpia de sus manchas, sus vilezas y sus pecados. (4) Los viste al gusto de Dios, para Su mayor gloria; y como solo María sabe perfectamente cuál es ese sabor divino y cuál es esa mayor gloria del Altísimo, es María la única que, sin hacer ninguna toma falsa, puede acomodar y vestir nuestro cuerpo y alma para ese gusto infinitamente exaltado y esa gloria infinitamente oculta.

4. Esta buena Madre, habiendo recibido la ofrenda perfecta que le hacemos de nosotros mismos, de nuestros propios méritos y satisfacciones, por la devoción que estoy describiendo, nos despoja de nuestras viejas vestiduras, se apropia de nosotros y así nos hace dignos de comparecer ante nuestro Padre celestial.

(1) Nos viste con las vestiduras limpias, nuevas, preciadas y perfumadas de Esaú el mayor, es decir, de Jesucristo, su Hijo, a quien guarda en su casa, es decir, a

quien tiene en su poder. Ella es la tesorera y dispensadora eterna de los méritos y virtudes de su Hijo, que da y comunica a quien quiere, cuando quiere, como quiere y en la cantidad que quiere, como hemos visto antes.

(2) Cubre el cuello y las manos de sus siervos con las pieles de los cabritos que mata; es decir, los adorna con los méritos y el valor de sus propias acciones. Mata y mortifica, es verdad, todo lo que hay de impuro e imperfecto en ellos, pero no pierde ni disipa un átomo del bien que la gracia ha hecho en ellos. Al contrario, lo conserva y lo aumenta, para que sea el ornamento y la fuerza de su cuello y de sus manos; es decir, para fortificarlos y ayudarlos a llevar el yugo del Señor, que se lleva sobre el cuello, y a obrar grandes cosas para la gloria de Dios y la salvación de sus pobres hermanos.

(3) Ella otorga un nuevo perfume y una nueva gracia en sus vestidos y adornos, dándoles sus propios vestidos, méritos y virtudes, que les legó por testamento al morir, como dijo una santa religiosa del siglo pasado que murió en olor de santidad y lo aprendió por revelación. Así, todos sus domésticos, fieles servidores y esclavos, están doblemente revestidos con las vestiduras de su Hijo y con las suyas propias —*Omnes domestici vestiti sunt duplicibus*—. Por eso no tienen nada que temer del frío de Jesucristo, que es blanco como la nieve —un frío que los réprobos, desnudos y despojados de los méritos de Jesús y de María, no pueden soportar ni por un momento—.

(4) Finalmente, ella les permite obtener la bendición de nuestro Padre celestial aunque, siendo los más jóvenes y de hecho solo hijos adoptivos, no tienen derecho natural a tenerla. Con estas vestiduras nuevas, preciosísimas y de olor fragante, y con el cuerpo y el alma bien preparados y vestidos, se acercan con confianza al lecho de descanso del Padre. Él entiende y distingue su voz, que es la voz del pecador; toca sus manos, cubiertas de pieles; huele el buen olor de sus vestidos; come con alegría de lo que María, su Madre, ha preparado para Él, reconociendo en ellos los méritos y el buen olor de su Hijo y de su Santa Madre. 1) Primero, pues, les da su doble bendición, la bendición del rocío del Cielo: *De rore cælesti*; es decir, de la gracia divina, que es semilla de gloria; *Benedixit nos in omni benedictione spiritali in Christo Jesu;* y luego la bendición de la gracia de la tierra: *De pinguedine terræ*, es decir, el Padre bueno les da el pan de cada día, y una abundancia suficiente de los bienes de este mundo. 2) En segundo lugar, los hace señores de sus otros hermanos, los réprobos. Pero esta primacía no siempre es aparente en el mundo, que pasa en un instante, y en el que los réprobos son a menudo amos: *Peccatores effabuntur et gloriabuntur; vidi impium superexaltatum et elevatum.* Pero es, sin embargo, una verdadera primacía, y se verá manifiestamente en el otro mundo para toda la eternidad, en el que los justos, como dice el Espíritu Santo, gobernarán las naciones: *Dominabuntur populis.* 3) Su Majestad, no contento

con bendecirlos en sus personas y en sus bienes, bendice también a los que los bendecirán y maldice a los que los maldicen y persiguen.

II. El segundo deber que la Santísima Virgen cumple con sus fieles siervos es proveerlos de todo, tanto para el cuerpo como para el alma. Les da doble vestido, como acabamos de ver. Ella les da de comer las carnes más exquisitas de la mesa de Dios; pues les da a comer el pan de vida, que ella misma ha formado: *A generationibus meis implemini*, que significa, "Mis queridos hijos" dice ella, bajo el nombre de la Sabiduría divina, "saciaos de mis generaciones"; es decir, de Jesús, el fruto de la vida, "que yo he traído al mundo para vosotros". *Venite, comedite panem meum et bibite vinum quod miscui vobis; comedite, et bibite, et inebriamini, carissimi*: Venid, les repite en otro lugar, comed mi pan, que es Jesús, y bebed el vino de su amor, que he mezclado para ustedes. María, que es la tesorera y dispensadora de los dones y gracias del Altísimo, da una buena porción, y de hecho la mejor porción, para alimentar y mantener a sus hijos y a sus siervos. Son alimentados con el Pan Vivo. Se embriagan con el vino que engendra vírgenes. Son llevados al seno de María: *ad ubera portabimini*. Tienen tanta facilidad para llevar el yugo de Jesucristo, que no sienten nada de su peso, por el aceite de la devoción a ella que lo ha corroído: *Jugum eorum putrescere faciet a facie olei*.

III. El tercer bien que Nuestra Señora hace a sus siervos es que los conduce y dirige según la voluntad de su Hijo. Rebeca guiaba a su pequeño Jacob, y le daba buenos consejos de vez en cuando, ya para atraer sobre sí las bendiciones de su padre, ya para que evitara el odio y persecución de su hermano Esaú. María, que es la Estrella del Mar, conduce a buen puerto a todos sus fieles servidores. Ella les muestra los caminos de la vida eterna. Ella les hace evitar los lugares peligrosos. Ella los guía por los caminos de la justicia. Los sostiene cuando están a punto de caer y los levanta cuando han caído. Los reprende como una madre caritativa cuando fallan, e incluso a veces les castiga cariñosamente. ¿Puede un niño obediente a María, su madre adoptiva y su guía iluminada, perderse por los caminos de la eternidad? *Ipsam sequens non devias*: "Si la sigues", dice san Bernardo, "no podrás desviarte del camino". No temas, pues, que un verdadero hijo de María pueda ser engañado por el maligno, o caer en una herejía. Allí donde está la guía de María, ni el espíritu maligno con sus ilusiones, ni los herejes con sus sutilezas, pueden prevalecer: *Ipsa tenente, non corruis*.

IV. El cuarto buen oficio que Nuestra Señora da a sus hijos y siervos es que les protege y les defiende. Rebeca, con sus cuidados y artificios, libró a Jacob de todos los peligros en que se hallaba, y particularmente de la muerte que su hermano Esaú le habría infligido, a causa de la envidia y el odio que le profesaba; como Caín lo hizo con su hermano, Abel. María, Madre de los predestinados, los esconde bajo las alas de su protección, como una gallina esconde a sus polluelos. Ella habla, se humilla, condesciende a todas sus debilidades, para protegerlos del halcón y del buitre. Se pone a su alrededor y los acompaña como un ejército en orden de batalla: *ut castrorum acies ordinata*. ¿Debe un hombre, que tiene un ejército de cien mil soldados a su alrededor, temer a sus enemigos? Un siervo fiel de María, rodeado por su protección y su poder imperial tiene aún menos que temer. Esta buena Madre y poderosa princesa de los cielos enviaría batallones de millones de ángeles para socorrer a uno de sus siervos antes de que se dijese que un siervo fiel de María, que confiaba en ella, haya sucumbido a la malicia, el número y la vehemencia de sus enemigos.

V. Por último, el quinto y mayor bien que la dulce María procura a sus fieles es interceder por ellos ante su Hijo, y apaciguarlo con sus oraciones. Ella los une a Él con la más íntima unión, y los mantiene inquebrantablemente unidos. Rebeca hizo que Jacob se acercara al lecho de su padre. El buen hombre lo tocó, lo abrazó y hasta lo besó con alegría, satisfecho de las viandas que le había llevado; y habiendo olido con mucho contento el exquisito perfume de sus vestidos, exclamó: *Ecce odor filii mei sicut odor agri pleni, cui benedixit Dominus*: "He aquí el olor de mi hijo, que es como el olor de un campo lleno que el Señor ha bendecido". Este olor de campo lleno que encanta el corazón del Padre no es otro que el olor de las virtudes y méritos de María, que es un campo lleno de gracia, donde Dios Padre ha sembrado a su Hijo unigénito, como grano del trigo de los elegidos. ¡Oh, cómo un niño, perfumado con el buen olor de María, es acogido con Jesucristo, que es el Padre del mundo venidero! ¡Oh, cuán pronta y perfectamente se une tal niño a su Señor! Pero esto ya lo hemos mostrado ampliamente.

Además, después de que María ha colmado de favores a sus hijos y siervos fieles, y les ha obtenido la bendición de su Padre celestial, y la unión con Jesucristo, los conserva en Jesús, y a Jesús en ellos; cuida de ellos, vela siempre por ellos, por temor de que pierdan la gracia de Dios, y vuelvan a caer en las asechanzas de sus enemigos. *In plenitudine detinet*: Ella mantiene a los santos en su plenitud, y los hace perseverar hasta el fin, como hemos visto.

Esta es la interpretación de la historia de Jacob y Esaú, esa gran y antigua prefiguración de la predestinación y la reprobación, tan desconocida y tan llena de misterios.

III. Los efectos maravillosos que esta devoción produce en el alma que le es fiel

Mi querido hermano, ten por seguro que, si eres fiel a las prácticas interiores y exteriores de esta devoción que te señalaré, se producirán en tu alma los siguientes efectos:

1. Por la luz que el Espíritu Santo te dará por medio de María, su amada esposa, comprenderás tu maldad, tu corrupción y tu incapacidad para todo lo bueno. Como consecuencia de este conocimiento, te despreciarás a ti mismo. Solo pensarás en ti mismo con horror. Te considerarás como un caracol, que todo lo estropea con su baba; o como un sapo, que todo lo envenena con su veneno; o como una serpiente rencorosa, que solo busca engañar. En otras palabras, la humilde María te comunicará una porción de su profunda humildad, que hará que te desprecies a ti mismo y a nadie más, y amarás ser despreciado.

2. La Santísima Virgen te dará también una porción de su fe, que fue la más grande de todas las fes que hubo en la tierra, mayor que la fe de todos los Patriarcas, Profetas, Apóstoles y Santos juntos. Ahora que

reina en los cielos, ya no tiene esta fe, porque ella ve todas las cosas claramente en Dios por la luz de la gloria. Sin embargo, con el consentimiento del Altísimo, al entrar en la gloria no ha perdido su fe. La ha conservado, para que la conserve en la Iglesia militante para sus fieles servidores. Cuanto más ganen, pues, el favor de esa augusta Princesa y Virgen fiel, tanto más serán guiados por la fe pura en toda su conducta; una fe pura que los hará apenas preocuparse de lo sensible o de lo extraordinario; una fe viva y animada por la caridad, que les permitirá realizar todas sus acciones por el móvil del puro amor; una fe firme e inamovible como una roca, por la que descansarán tranquilos y constantes en medio de tempestades y huracanes; una fe activa y penetrante, que, como una misteriosa llave maestra, les dará entrada en todos los misterios de Jesús, en los últimos fines del hombre y en el mismo corazón de Dios; una fe cortés, que los capacitará para emprender y realizar sin vacilaciones grandes cosas por Dios y por la salvación de las almas; por último, esta fe que será su antorcha ardiente, su vida divina, su tesoro oculto de sabiduría divina y su brazo omnipotente, que usarán para iluminar a los que están en las tinieblas de la sombra de la muerte, para inflamar a los que son tibios y necesitados del oro caliente de la caridad, para dar vida a los que están muertos en el pecado, para enseñar y derribar, con sus palabras mansas y poderosas, los corazones de mármol y los cedros del Líbano, y, finalmente, para resistir al demonio y a todos los enemigos de la salvación.

3. Esta Madre del Amor Hermoso quitará del corazón de ustedes todo escrúpulo y todo desorden de temor servil. Lo abrirá y ensanchará para que recorra el camino de los mandamientos de su Hijo con la santa libertad de los hijos de Dios. Introducirá en él el amor puro, del que tiene el tesoro; de modo que ya no os guiaréis por el miedo, como hasta ahora, en vuestro trato con el Dios de la caridad, sino por el amor puro. Le mirarán como a un Padre bueno, a quien procurarán agradar sin cesar, y con quien conversarán confiadamente, como un niño con su tierno padre. Si por desgracia le ofenden, se humillarán inmediatamente ante Él. Le pedirán perdón con gran humildad, pero al mismo tiempo le tenderán la mano con sencillez; y se levantarán amorosamente, sin molestias ni inquietudes, y seguirán su camino hacia Él sin desaliento.

4. La Santísima Virgen te llenará de una gran confianza en Dios y en sí misma: (1) porque no te acercarás a Jesús por ti mismo, sino siempre por aquella buena Madre; (2) porque, como le has dado todos tus méritos, gracias y satisfacciones, para que disponga de ellas a su voluntad, ella te comunicará sus virtudes y te revestirá de sus méritos, para que puedas decir a Dios con confianza: *Ecce ancilla Domini, fiat mihi secundum verbum tuum* —"Mira a María, tu sierva; hágase en mí según tu palabra"—; (3) porque, como tú te

has entregado enteramente a ella, en cuerpo y alma, ella, que es generosa con los generosos, y más generosa aún que los generosos, se entregará a ti de una manera maravillosa, pero real, para que puedas decir a Dios: *Tuus sum ego, salvum me fac* —"Yo soy tuyo, Virgen santa, sálvame"— o, como he dicho antes, con el Discípulo Amado: *Accepi te in mea*, "Te he tomado a ti, Santa Madre, para todos mis bienes". También puedes decir con san Buenaventura: *Ecce, Domina, salvatrix mea, fiducialiter agam et non timebo, quia fortitudo mea, et laus mea in Domino es tu;* y también: *Tuus totus ego sum, et omnia mea tua sunt; O virgo gloriosa, super omnia benedicta, ponam te ut signaculum super cor meum, quia fortis est ut mors dilectio tua* —"Mi querida Señora, que me salva, tendré confianza y no temeré, porque tú eres mi fuerza y mi mérito en el Señor (…). Soy todo tuyo, y todo lo que poseo te pertenece; Virgen gloriosa, sublime sobre todas las cosas creadas, te pondré como sello en mi corazón, porque tu amor es tan fuerte como la muerte"—.

Puedes decir a Dios, en los sentimientos del profeta: *Domine, non est exaltatum cor meum, neque elati sunt oculi mei; neque ambulavi in magnis, neque in mirabilibus super me, si non humiliter sentiebam; sed exaltavi animam meam: sicut ablactatus est super matre tua, ita retributio in anima mea* —"Señor, mi corazón y mis ojos no tienen derecho a ensalzarse, ni a enorgullecerse, ni a buscar cosas grandes y maravillosas. Pero ni siquiera en esto soy humilde, sino que he levantado y animado mi alma con confianza: soy como un niño, destetado de los placeres de la tierra, que descansa en el regazo de su madre. En ese regazo me llegan todos los bienes" (Salmo 130)—. (4) Lo que aumentará aún más tu confianza en ella es que tendrás menos confianza en ti mismo. Le has dado, con confianza, todo lo que hay de bueno en ti, para que lo tenga y lo preserve; y así, toda la confianza que una vez tuviste en ti mismo se ha convertido en un aumento de confianza en ella, que es tu tesoro. ¡Oh, qué confianza y qué consuelo para un alma, que puede decir que el tesoro de Dios, en el que Él se ha complacido en poner todo lo que más quería, es su propio tesoro! *Ipsa est thesaurus Domini*: fue un santo quien dijo "ella es el tesoro del Señor".

5. El alma de la Santísima Virgen se comunicará contigo para glorificar al Señor. Su espíritu entrará en el lugar del tuyo, para gozar de Dios, su salvación, con tal de que seas fiel a las prácticas de esta devoción. Como dijo san Ambrosio: *Sit in singulis anima Mariæ, ut magnificet Dominum: sit in singulis spiritus Mariæ, ut exultet in Deo*, es decir, "Que el alma de María esté en cada uno de nosotros para glorificar al Señor; que el espíritu de María esté en cada uno de nosotros para alegrarnos en Dios". ¡Ah!, ¿cuándo llegará el tiempo feliz?, preguntó un santo hombre de nuestros días, todo absorbido en María. ¿Cuándo llegará el tiempo feliz en que la divina María sea establecida como señora y reina de los

corazones, para someterlos plenamente al imperio de su grande y santo Jesús? ¿Cuándo respirarán las almas a María, como el cuerpo respira el aire? Cuando llegue ese momento, sucederán cosas maravillosas en esos humildes lugares, donde el Espíritu Santo, encontrando a su amada esposa como reproducida en las almas, entrará con abundancia, y las llenará a rebosar con sus dones, y particularmente con el don de la sabiduría, para obrar los milagros de la gracia. Querido hermano, ¿cuándo llegará ese tiempo feliz, esa edad de María, en que las almas, perdiéndose en el abismo de su interior, se conviertan en copias vivientes de María, para amar y glorificar a Jesús? Ese tiempo no llegará hasta que los hombres conozcan y practiquen la devoción que estoy enseñando: *Ut adveniat regnum tuum, adveniat regnum Mariæ.*

6. Si María, que es el árbol de la vida, está bien cultivada en nuestra alma por la fidelidad a las prácticas de esta devoción, dará su fruto a su tiempo, y su fruto no es otro que Jesucristo. Cuántas almas devotas veo que buscan a Jesucristo, unas por un camino o por una práctica, y otras por otros caminos u otras prácticas; y después de haber trabajado mucho durante la noche, dicen: *Per totam noctem laborantes nihil cepimus*: "¡Hemos trabajado toda la noche, y no hemos sacado nada!". Podemos decirles: *Laborastis multum, et intulistis parum*: "Habéis trabajado mucho, y ganado poco". Jesucristo es aún débil en ustedes. Pero por

ese camino inmaculado de María, y esa práctica divina que estoy enseñando, trabajamos durante el día; trabajamos en un lugar santo; trabajamos poco. En María no hay noche, porque no hay pecado, ni la más leve sombra. María es un lugar santo, y el lugar santísimo donde se forman y moldean los santos. Fíjate, si quieres, que digo que los santos se forman en María. Hay una gran diferencia entre hacer una figura en relieve a golpes de martillo y cincel, y hacer una figura cortándola en un molde. Los estatuarios y escultores trabajan mucho para hacer figuras de la primera manera; pero para hacerlas de la segunda, trabajan poco y lo hacen rápidamente.

San Agustín llama a la Santísima Virgen *forma Dei*, es decir, "el molde de Dios": *Si formam Dei te appellem, digna existis*, "el molde apto para moldear dioses". El que es fundido en este molde es formado y moldeado en Jesucristo, y Jesucristo en él. A bajo costo y en poco tiempo se convertirá en dios, porque ha sido fundido en el mismo molde que ha formado a un Dios.

Me parece que puedo comparar muy acertadamente a los directores y a las personas devotas, que desean formar a Jesucristo en sí mismos o en otros mediante prácticas diferentes de esta, con los escultores que confían en su propia habilidad profesional, ingenio o arte, y así dan infinidad de martillazos y cincelados a una piedra dura o a un trozo de madera mal pulida, para hacer de ella una imagen de Jesucristo. A veces no consiguen dar nada parecido a la expresión natural de Jesús, ya sea por no tener conocimiento o experiencia de la persona de Jesús, o por algún golpe dado torpemente, que ha estropeado el trabajo. Pero para aquellos que abrazan el secreto de la gracia que les estoy revelando, puedo compararlos razonablemente con fundidores y moldeadores, que han descubierto el hermoso molde de María, donde Jesús fue natural y divinamente formado; y sin confiar en su propia habilidad, sino solo en la bondad del molde, se tiran a sí mismos en el molde y se pierden en María, para ser los retratos de Jesucristo según la naturaleza.

¡Oh, comparación bella y verdadera! ¿Pero quién la comprenderá? Deseo que puedas comprenderla, mi querido hermano. Pero recuerda que solo fundimos en un molde lo que está derretido y líquido; es decir, debes destruir y derretir en ti mismo al viejo Adán para convertirte en un hombre nuevo en María.

7. Con esta práctica, fielmente observada, darás a Jesús más gloria en un mes que con cualquier otra práctica, por difícil que sea, en muchos años. Estas son las razones:

(1) Al hacer tus prácticas por la Santísima Virgen, como esta práctica te enseña, abandonas tus propias intenciones y operaciones, aunque sean buenas y conocidas, para perderte, por así decirlo, en las intenciones de la Santísima Virgen, aunque sean desconocidas. Así entras por la participación en la sublimidad de sus

intenciones, que son tan puras, que ella da más gloria a Dios por la menor de sus acciones (por ejemplo, al girar su rueca o al enhebrar su aguja) que san Lorenzo por su cruel martirio en su parrilla, o incluso todos los santos por todas sus acciones heroicas juntas. Fue así como, durante su estancia aquí abajo, adquirió un conjunto tan inefable de gracias y méritos, que sería más fácil contar las estrellas del firmamento, las gotas de agua en el mar, o los granos de arena en su orilla, que sus méritos y gracias. Así fue como dio más gloria a Dios que todos los ángeles y santos le han dado o le darán jamás. ¡Oh, María prodigiosa! No puedes sino hacer prodigios de gracia en las almas que desean perderse totalmente en ti.

(2) Porque el alma en esta práctica no tiene en cuenta nada de lo que piensa o hace por sí misma, y solo confía y se complace en las disposiciones de María, cuando se acerca a Jesús o incluso le habla. Así practica la humildad mucho más que las almas que actúan por sí mismas y se apoyan, con imperceptible complacencia, en sus propias disposiciones. Pero si el alma actúa más humildemente, glorifica más a Dios; y Él solo es glorificado perfectamente por los humildes y los que son pequeños y humildes de corazón.

(3) Porque la Santísima Virgen, queriendo con su gran caridad recibir el presente de nuestras acciones en sus manos virginales, les da una admirable belleza y esplendor. Además, ella misma las ofrece a Jesucristo,

y sin dificultad; y Nuestro Señor es así más glorificado por ellas que si las ofreciéramos por nuestras propias manos criminales.

(4) Por último, porque nunca pensamos en María sin que María, a la vez, piense en Dios. Nunca alabas ni honras a María sin que María alabe y honre a Dios. María siempre refiere a Dios y, en efecto, bien podría llamársele *la relación* con Dios. Ella solo existe con referencia a Dios. Ella es el eco de Dios que nada dice, ni nada repite, sino Dios. Si tú dices "María", ella dice "Dios". Santa Isabel alabó a María y la llamó bienaventurada, porque había creído. María, eco fiel de Dios, entonó al instante el *Magnificat anima mea Dominum*: "Mi alma glorifica al Señor, mi Dios". Lo que María hizo entonces, lo hace cada día. Cuando la alabamos, la amamos, la honramos o le damos algo, es a Dios a quien alabamos, a Dios a quien amamos, a Dios a quien glorificamos. Damos, pues, a Dios por María y en María.

IV. Prácticas particulares de esta devoción

1. Práctica externa

Aunque lo esencial de esta devoción consiste en lo interior, no debemos dejar de unir a la práctica interior ciertas observancias externas. *Hæc oportet facere, et illa non omittere.* Debemos hacer lo uno, pero no dejar de hacer lo otro, tanto porque las prácticas externas bien realizadas ayudan a las internas, porque hacen que un hombre recuerde, acudiendo a sus sentidos, lo que ha hecho o debe hacer; y también porque son adecuadas para edificar a nuestro prójimo, que las ve —cosa que las prácticas internas no pueden hacer—. Que ningún mundano o crítico se burle de esto. Que no digan que, porque la verdadera devoción está en el corazón, debemos evitar la devoción externa; o que la devoción debe ser escondida, y que puede haber vanidad en mostrarla. Respondo con mi Maestro que los hombres deben ver nuestras buenas obras, para que glorifiquen a nuestro Padre, que está en los cielos; como dice san Gregorio, debemos realizar nuestras acciones y devociones exteriores no para agradar a los hombres y obtener alabanzas (eso sería vanidad), sino que a veces debemos hacerlas ante los hombres, con el fin de agradar a Dios, y glorificarle con ello, sin importarnos ni el desprecio ni la alabanza de los hombres.

Aludiré brevemente a algunas prácticas exteriores, que no llamo "exteriores" porque las hagamos sin ningún interior, sino porque tienen algo de exterior, para distinguirlas de las que son puramente interiores.

Primera práctica. Los que quieran entrar en esta devoción particular (que actualmente no está erigida en cofradía, aunque se quisiera) después de haber empleado doce días, por lo menos, en vaciarse del espíritu del mundo, que es contrario al espíritu de Jesucristo, deben emplear tres semanas en llenarse de Jesucristo por la Santa Virgen. Deben seguir el siguiente orden:

Durante la primera semana emplearán todas sus oraciones y acciones piadosas en pedir el conocimiento de sí mismos y la remisión de sus pecados, y lo harán con espíritu de humildad. Para ello pueden, si lo desean, meditar sobre lo que he dicho antes de nuestra corrupción interior. Pueden considerarse a sí mismos durante los seis días de esta semana como caracoles, que se arrastran, sapos, cerdos, serpientes y animales inmundos; o pueden reflexionar sobre esas tres consideraciones de san Bernardo: *Cogita quid fueris, semem putidum; quid sis, vas stercorum; futuris sis, esca vermium,* es decir, "Piensa en lo que has sido, semilla podrida; en lo que eres, recipiente de estiércol; en lo que serás, pasto de gusanos". Deben rogar al Señor y al Espíritu Santo que los iluminen; y para ello pueden recitar jaculatorias: *Domine, ut videam*; o *Noverim me*; o *Veni Sancte Spiritus* y pueden rezar diariamente la oración *Ave maris Stella* —"Salve, Estrella del mar"—, y la letanía del Espíritu Santo.

En el transcurso de la segunda semana deben aplicarse, durante todas sus oraciones y trabajos de cada día, a conocer a la Santísima Virgen. Pidan este conocimiento al Espíritu Santo; lean y mediten lo que hemos dicho al respecto. Recen, como en la primera semana, las letanías del Espíritu Santo y el *Ave maris Stella*, y además un rosario diario, o, si no un rosario entero, al menos una coronilla, con la intención de impulsar un mayor conocimiento de María.

En la tercera semana deben dedicarse a conocer a Jesucristo. Pueden meditar sobre lo que hemos dicho de Él, y rezar la oración de san Agustín, que encontrarán en la primera parte de este tratado. Pueden, con el mismo santo, repetir cien veces al día *Noverim te:* "Señor, que te conozca", o *Domine, ut videam:* "Señor, que vea quién eres". Recitarán, como en las semanas precedentes, la letanía del Espíritu Santo y el *Ave maris Stella*, y añadirán diariamente la letanía del Santo Nombre de Jesús. Al final de las tres semanas confesarán y comulgarán, con intención de entregarse a Jesucristo, en calidad de esclavos del amor, por las manos de María. Después de la comunión, que procurarán hacer según el método indicado más adelante, recitarán la fórmula de su consagración, que encontrarán más adelante. Deben escribirla o hacerla escribir, a no ser que esté impresa, y recitarla el mismo día que la hayan hecho. Conviene también que ese día rindan algún tributo a Jesucristo y a la Santísima Virgen, ya sea como penitencia por su infidelidad pasada a los votos de su bautismo, o como testimonio de su dependencia y fidelidad al dominio de Jesús y de María. Este tributo debe ser según la devoción y capacidad de cada uno: pueden dar una limosna, o encender una vela. Si no tienen sino un centavo para dar, si lo dieran de buen corazón, sería suficiente para Jesús, que solo se fija en la buena voluntad. Al menos una vez al año, en el mismo día, deberían renovar la misma consagración, observando las mismas prácticas durante las tres semanas. Podrían también, una vez al mes, o incluso una vez al día, renovar lo que han hecho con estas pocas palabras: *Tuus totus ego sum, et omnia mea tua sunt* —"Yo soy todo para ti, y todo lo que tengo te pertenece a ti, oh, mi dulce Jesús, por María tu Santa Madre"—.

Segunda práctica. Pueden recitar todos los días de su vida, sin hacer de ello carga alguna, la coronilla de la Santísima Virgen, compuesta de tres padrenuestros y doce avemarías, en honor de los doce privilegios y grandezas de Nuestra Señora. Esta práctica es muy antigua, pues tiene su fundamento en las Sagradas Escrituras. San Juan vio a una mujer coronada de doce estrellas, vestida del sol y con la luna bajo sus pies; y esta mujer, según los intérpretes, era la Santísima Virgen. Hay muchas maneras de describir bien esta corona, pero sería demasiado largo entrar en ello. El Espíritu Santo se las enseñará a los más fieles a esta devoción. Sin embargo, para decirlo sencillamente, debemos comenzar diciendo: *Dignare me laudare te Virgo sacrata, da mihi virtutem contra hostes tuos* —"Permíteme venerarte, Virgen Santa, y dame la virtud para luchar contra tus enemigos"—. Después debemos decir el credo, y luego un padrenuestro con cuatro avemarías, y luego un gloria; luego otro padrenuestro, cuatro avemarías, y un gloria, y así con el resto; y al final debemos decir el *Sub tuum* præsidium —"Bajo tu amparo nos acogemos…"—.

Tercera práctica. Es cosa muy gloriosa y loable, y muy útil a los que así se han hecho de Jesús y María, que lleven, como insignia de su amorosa esclavitud, pequeñas cadenas de hierro, bendecidas con la debida bendición.

Es cierto que estas insignias externas no son esenciales y que una persona que ha abrazado esta devoción puede muy bien prescindir de ellas. Sin embargo, no puedo dejar de alabar calurosamente a aquellos que, después de haberse sacudido las vergonzosas cadenas de la esclavitud del demonio, en las que el pecado original, y tal vez los pecados actuales, les habían comprometido, se han entregado voluntariamente a la gloriosa esclavitud de Jesucristo, y se glorían con san Pablo de estar encadenados por y con Jesús; cadenas mil veces más gloriosas y preciosas, aunque de hierro, que todos los collares de oro de los emperadores.

Antes no había nada más infame en la tierra que la cruz, y ahora ese madero es el más glorioso alarde del cristianismo. Digamos lo mismo de los hierros de la esclavitud. No había nada más ignominioso entre los antiguos; nada más vergonzoso incluso ahora entre los paganos. Pero entre los cristianos no hay nada más ilustre que las cadenas de Jesús, porque nos desencadenan y nos preservan de las famosas cadenas del pecado y del diablo. Nos ponen en libertad, y nos encadenan a Jesús y a María; no por compulsión y coacción, como a los esclavos remeros de los galeones, sino por la caridad y el amor, como los niños. *Traham eos in vinculis charitatis*, es decir, "Los atraeré a Mí", dijo Dios por boca del profeta, "con las cadenas del amor". Estas cadenas son tan fuertes como la muerte y en cierto sentido son más fuertes en aquellos que son fieles en llevar estas gloriosas cargas hasta la muerte. Porque, aunque la muerte destruye sus cuerpos llevándolos a la descomposición, no destruye las cadenas de su esclavitud, las cuales, siendo de hierro, no se corrompen tan fácilmente. Tal vez, en el día de la resurrección del cuerpo, el gran juicio final, estas cadenas estén aún alrededor de sus huesos, y formen parte de su gloria, y se transmutarán en cadenas de luz y esplendor. Felices, pues, mil veces felices, los ilustres esclavos de Jesús, que llevan sus cadenas hasta la tumba.

Las siguientes son las razones para llevar estas cadenas:

En primer lugar, para recordar al cristiano los votos y compromisos de su bautismo, la perfecta renovación que ha hecho de ellos por esta votación, y la estricta obediencia a la que debe ser fiel. Como el hombre que se guía más a menudo por los sentidos que por la pura fe olvida fácilmente sus obligaciones para con Dios, a menos que tenga algo exterior que se las recuerde, estas cadenitas sirven maravillosamente para recordar al cristiano las cadenas del pecado y de la esclavitud del demonio, de las que el bautismo le ha liberado, y de la dependencia de Jesús que le ha prometido en el bautismo, y de la ratificación de ella que ha hecho por la renovación de sus votos. Una de las razones por las que tan pocos cristianos piensan en sus votos bautismales y viven con tanta licencia como si no hubieran prometido más a Dios que los paganos, es porque no llevan ninguna insignia externa que les haga recordarlo.

En segundo lugar, es para mostrar que no nos avergonzamos de la servidumbre y esclavitud a Jesucristo, y que renunciamos a la esclavitud del mundo, del pecado y del diablo.

En tercer lugar, para asegurarnos contra las cadenas del pecado y del demonio, y para anticiparnos a ellos, pues debemos llevar las cadenas de la iniquidad o las cadenas de la caridad y de la salvación: *Vincula peccatorum aut vincula charitatis*. Rompamos, mi querido hermano, las cadenas del pecado y de los pecadores, del mundo y de la mundanidad, del diablo y de sus ministros, y echemos lejos de nosotros su yugo deprimente: *Dirumpamus vincula eorum, et projiciamus a nobis jugum ipsorum*. Pongamos nuestros pies, para usar los términos del Espíritu Santo, en sus gloriosos hierros, y nuestro cuello en sus collares: *Injice pedem tuum in compedes illius, et in torques illius collum tuum; subjice humerum tuum et porta illam, et ne acedieris vinculis ejus*. Observarás que el Espíritu Santo, antes de pronunciar estas palabras, prepara un alma para ellas, a fin de que no rechace su importante consejo. Véanse sus palabras: *Audi, fili, et accipe consilium intellectus, et ne abjicias consilia mea* —"Escucha, hijo mío, y recibe un consejo de entendimiento, y no lo rechaces"—.

Desearías, mi muy querido amigo, que yo me uniera aquí al Espíritu Santo para darte el mismo consejo con Él: *Vincula illius alligatura salutis*. Sus cadenas son cadenas de salvación. Así como Jesucristo en la cruz atrajo todas las cosas hacia Él, con su voluntad o contra ella, Él atraerá a los réprobos por las cadenas de sus pecados, para encadenarlos a su ira eterna y a su justicia. Pero atraerá, sobre todo en estos últimos tiempos, a los predestinados con las cadenas de la caridad. *Omnia traham ad meipsum. Traham eos in vinculis charitatis*. Estos amorosos esclavos de Jesucristo, "los encadenados de Cristo" —*Vincti Christi*—, pueden llevar sus cadenas tanto en el cuello como en los pies. El padre

Vicente Caraffa, séptimo general de los jesuitas, que murió en olor de santidad en el año 1643, solía llevar un círculo de hierro alrededor de los pies como señal de su servidumbre; y decía que su único dolor era no poder arrastrar públicamente una cadena.

La Madre Inés de Jesús, de quien hemos hablado antes, solía llevar una cadena de hierro alrededor de su cuerpo. Otros la llevaban alrededor del cuello, en penitencia por los collares de perlas que habían llevado en el mundo; otros la llevaban alrededor de los brazos, para recordarse a sí mismos, en sus trabajos manuales, que eran esclavos de Jesucristo.

Cuarta práctica. Los que emprenden esta santa esclavitud deben tener una devoción muy especial al gran misterio de la Encarnación del Verbo, el 25 de marzo. En efecto, la Encarnación es el misterio propio de esta práctica, por cuanto fue una devoción inspirada por el Espíritu Santo, (1) para honrar e imitar la inefable dependencia que Dios Hijo ha tenido a bien tener en María, para gloria de su Padre y salvación nuestra; dependencia que se manifiesta particularmente en este misterio, en el que Jesús, el Hijo de Dios, se une a María, y depende de ella para todas las cosas. (2) Deben dar gracias a Dios por las gracias incomparables que ha concedido a María y particularmente por haberla elegido para ser su santísima Madre, elección que se hizo en este misterio. Estos son los dos fines principales de la esclavitud de Jesús en María.

Nótese por favor que digo "el esclavo de Jesús en María", "la esclavitud de María en Jesús". Podría, con verdad, como muchos han hecho antes, decir "el esclavo de María" o "la esclavitud de la Virgen", pero creo que es mejor decir "el esclavo de Jesús en María", como el Sr. Tronson, superior general del seminario de San Sulpicio, famoso por su rara prudencia y su piedad consumada, aconsejó a un eclesiástico que le consultó sobre el tema. Las razones fueron las siguientes:

1. Si vivimos en un ambiente de orgullo intelectual, y hay a nuestro alrededor muchos eruditos engreídos y espíritus altivos y críticos, que tienen mucho que decir contra las prácticas de piedad mejor establecidas y más sólidas, es mejor que no les demos ninguna ocasión innecesaria de crítica. Por eso es mejor que digamos "la esclavitud de Jesús en María" y que nos llamemos esclavos de Jesucristo y no esclavos de María, tomando la denominación de nuestra devoción más bien por su fin último, que es Jesucristo, que del camino y del medio para llegar al fin, que es ella misma; aunque repito que en verdad podemos hacer cualquiera de las dos cosas, como yo mismo he hecho. Por ejemplo: un hombre que va de Orleans a Tours pasando por Amboise puede muy bien decir que va a Amboise, o que va a Tours; que es un viajero con destino a Amboise, o un viajero con destino a Tours; simplemente Amboise es su camino recto a Tours, y Tours es el último fin y término de su viaje.

2. Una segunda razón es que el principal misterio que celebramos en honor de esta devoción es el misterio de la Encarnación, donde podemos ver solo a Jesús en María, encarnado en su seno. De ahí podemos hablar de Jesús encadenado a María y de Jesús residiendo y reinando en María, según esa hermosa oración de tantos grandes hombres: "Oh, Jesús, que vives en María, ven y vive en nosotros, en tu espíritu de santidad".

3. Otra razón es que este modo de hablar destaca aún más la íntima unión que existe entre Jesús y María. Ellos están tan íntimamente unidos, que el uno está totalmente en el otro. Jesús está todo en María, y María está toda en Jesús; o mejor dicho, ella ya no existe: Jesús está solo en ella, y sería más fácil separar la luz del sol que a María de Jesús. De modo que podríamos llamar a Nuestro Señor *Jesús de María* y a nuestra Santísima Señora *María de Jesús*.

El tiempo no me permitiría detenerme ahora a explicar las excelencias y grandezas de los misterios de Jesús viviendo y reinando en María, es decir, de la Encarnación del Verbo. Me contentaré con decir estas tres cosas: tenemos aquí el primer misterio de Jesucristo, el más oculto, el más excelso y el menos conocido. Es en este misterio en el que Jesús, en el seno de su madre, llamado por los santos "el gabinete de los secretos de Dios" ha, de acuerdo con María, elegido a todos los elegidos. Es en este misterio donde ha reunido todos los demás misterios de su vida, al haberlos aceptado. *Jesus ingrediens mundum dicit, Ecce venio, ut faciam voluntatem tuam.* En consecuencia, este misterio es un compendio de todos los misterios y contiene la voluntad y la gracia de todos. Por último, este misterio es el trono de la misericordia, de la generosidad y de la gloria de Dios. Es el trono de su misericordia para nosotros, porque, como no podemos acercarnos a Jesús sino por María, solo podemos ver a Jesús y hablar con Él por su intercesión. Jesús, que siempre escucha a su querida Madre, concede siempre su misericordia a los pobres pecadores: *Adeamus ergo cum fiducia ad thronum gratiæ.* Es el trono de su generosidad porque, mientras el nuevo Adán moraba en el verdadero paraíso terrenal, obró tantos milagros en secreto, que ni los ángeles ni los hombres pueden comprenderlos. De ahí que los santos llaman a María la "Magnificencia de Dios" —*Magnificentia Dei*—, como si Dios fuera solo magnificente en María: *solummodo ibi magnificus Dominus.* Es el trono de gloria para su Padre, porque ha sido en María que Jesucristo ha calmado a su Padre, irritado contra los hombres, y que ha restituido la gloria que el pecado le arrebató, y que, por el sacrificio que hizo de su propia voluntad y de sí mismo, le ha dado más gloria de la que jamás pudieron darle los sacrificios de la Antigua Ley, y le da ahora una gloria infinita, y que nunca hubiera podido recibir del hombre.

Quinta práctica. Los que adoptan esta esclavitud deben tener también una gran devoción al decir el avemaría o Salutación Angélica. Pocos cristianos, por muy ilustrados que sean, conocen el verdadero precio, el mérito, la excelencia y la necesidad del avemaría. Fue necesario que la Santísima Virgen se apareciese varias veces a grandes y esclarecidos santos, para mostrarles el mérito de esta oración. Así lo hizo a santo Domingo, a san Juan Capistrano y al beato Alano de la Roca. Ellos han compuesto obras enteras sobre las maravillas y eficacia de esa oración para la conversión de las almas. Han publicado en voz alta y predicado abiertamente que, habiendo comenzado la salvación con el *Ave Maria*, la salvación de cada uno de nosotros en particular está unida a esa oración. Nos dicen que esa oración es la que hizo que la tierra seca y estéril diera fruto de vida y que, bien rezada, es la que hace que la Palabra de Dios germine en nuestras almas y dé a luz a Jesucristo, el fruto de la vida. Nos dicen que el avemaría es un rocío celestial para regar la tierra, que es el alma, para que dé su fruto a su tiempo y que un alma que no es regada por esa oración no da fruto, solo produce espinas y zarzas y está lista para ser maldecida.

Escucha lo que la Virgen reveló al beato Alano de la Roca, tal como él lo ha recogido en su libro *Dignitate Rosarii*, sobre la dignidad del rosario: "Sabe, hijo mío, y haz que lo sepan todos los demás, que es un signo probable de condenación eterna el tener una aversión, una tibieza o una negligencia, a rezar la Salutación Angélica, que ha reparado al mundo entero" —*Scias enim et secure intelligas et inde late omnibus notum facias, quod videlicet signum probabile est et propinqunm æternæ damnationis horrere et acediari, ac negligere Salutationem Angelicam, totius mundi reparationem*—. Estas son palabras a la vez terribles y consoladoras, y que nos costaría creer, si no tuviéramos a ese santo varón por garantía, y a santo Domingo antes que él, y a muchos grandes hombres desde siempre. Pero también tenemos la experiencia de varias épocas; pues siempre se ha observado que los que llevan el aspecto externo de la reprobación, como los herejes impíos y los mundanos orgullosos, odian o desprecian el avemaría o el rosario.

Los herejes todavía aprenden y rezan el padrenuestro, pero no el avemaría ni el rosario. Ese es su horror. Prefieren llevar una serpiente que un rosario.

También los soberbios, aunque católicos, tienen las mismas inclinaciones que su padre, Lucifer, y por eso solo sienten desprecio o indiferencia por el avemaría, y miran al rosario como una devoción que solo es buena para los ignorantes y para los que no saben leer. Por el contrario, es una experiencia igualmente universal, que aquellos que dan grandes señales de predestinación aman y disfrutan el avemaría, y se deleitan recitándolo. Vemos siempre que mientras más una persona es cercana a Dios, más le gusta esa oración. Esto es lo que Nuestra Señora dijo también al Beato Alano, después de las palabras que he citado. No sé cómo es ni por qué, pero bien sé que es verdad; ni tengo mejor secreto para saber si una persona es de Dios que saber si le gustan el Ave María y el rosario. Digo *si le gustan* porque puede suceder que una persona tenga alguna incapacidad natural para rezarlo, o incluso sobrenatural. Sin embargo, igualmente *le gusta* y siempre inspira la misma afición en los demás. ¡Oh, almas predestinadas! ¡Esclavos de Jesús en María! Sepan que el avemaría es la más bella de todas las oraciones después del padrenuestro. Es el elogio más perfecto que pueden hacer a María, porque es el elogio que el Altísimo le envió por medio de un arcángel para ganar su corazón y fue tan poderoso sobre su corazón por los secretos encantos de que está tan lleno que, a pesar de su profunda humildad, dio su consentimiento a la Encarnación del Verbo. También con este cumplido ganarás infaliblemente su corazón, si lo dices como debes.

Un avemaría bien dicho, es decir, con atención, devoción y modestia, es, según el Santo, el enemigo del demonio, que lo pone en fuga, y el martillo que lo aplasta. Es la santificación del alma, la alegría de los ángeles, la melodía de la predestinación, el cántico del Nuevo Testamento, el placer de María, y la gloria de la Santísima Trinidad. El Ave María es un rocío celestial que fecunda el alma. Es el beso casto y amoroso que damos a María. Es una rosa que le presentamos. Una perla preciosa que le ofrecemos. Un cáliz de divino néctar que le ofrecemos. Todas estas son comparaciones de los santos.

Te ruego encarecidamente, por el amor que os profeso en Jesús y María, que no te contentes con rezar la coronilla de la Santísima Virgen, sino una coronilla entera; o incluso, si tienes tiempo, todo el rosario todos los días. En el momento de su muerte, bendecirás el día y la hora en que hayas seguido mi consejo. Habiendo sembrado así las bendiciones de Jesús y de María, cosecharás bendiciones en el cielo: *qui seminat in benedictionibus, de benedictionibus et metet.*

Sexta práctica. Para dar gracias a Dios por las gracias que ha concedido a la Virgen, los que adoptan esta devoción dicen a menudo el *Magnificat*, como la beata María de Oignies y muchos otros santos. Es la única oración, la única obra que la santa Virgen compuso, o, mejor dicho, que Jesús compuso en ella, pues habló por su boca. Es el mayor sacrificio de alabanza que Dios ha recibido de una criatura pura en la ley de la gracia. Es, por una parte, el más humilde y agradecido, y por otra, el más sublime y exaltado de todos los cánticos. Hay en ese canto misterios tan grandes y ocultos, que los ángeles no los conocen. El piadoso y erudito Gerson empleó gran parte de su vida en componer obras sobre los temas más difíciles; sin embargo, solo al final de su carrera, e incluso entonces con temblor, emprendió el comentario del *Magnificat*, para coronar todas sus otras obras. Escribió un volumen en folio sobre él, y aporta muchas cosas admirables sobre ese hermoso y divino cántico. Entre otras cosas, dice que la Virgen lo repetía a menudo, especialmente en acción de gracias después de la comunión. El docto Benzonio, al explicar el mismo *Magnificat*, relata muchos milagros obrados por su virtud y dice que los demonios tiemblan y huyen cuando oyen estas palabras: *Fecit potentiam in brachio suo, dispersit superbos mente cordis sui*: "Ha mostrado fuerza con su brazo, y ha dispersado a los soberbios en la vanagloria de su propio corazón".

Séptima práctica. Los fieles siervos de María, que adoptan esta devoción, deben siempre despreciar, odiar y evitar en gran manera el mundo corrompido, y hacer uso de las prácticas de desprecio del mundo que hemos dado en la primera parte de este tratado.

2. *Prácticas particulares e interiores para los que desean ser perfectos*

Además de las prácticas exteriores de la devoción que hemos ido describiendo hasta aquí, y que no debemos omitir por negligencia o desprecio, en la medida en que el estado y la condición de cada uno le permitan observarlas, hay algunas prácticas interiores muy santificadoras para aquellos a quienes el Espíritu Santo llama a la alta perfección.

Estas pueden expresarse en cuatro frases: hacer todas nuestras acciones *por* María, *con* María, *en* María y *a través de* María, para que las hagamos con mayor perfección *por* Jesús, *con* Jesús, *en* Jesús y *a través de* Jesús.

I. Debemos hacer nuestras acciones *por* María; es decir, debemos obedecerla en todo, y en todo conducirnos por su espíritu, que es el Espíritu Santo de Dios. Los que son guiados por el Espíritu de Dios son hijos de Dios: *Qui spiritu Dei aguntur, ii sunt filii Dei*. Los que son guiados por el espíritu de María son los hijos de María y, por consiguiente, los hijos de Dios, como ya hemos demostrado; y entre todos los devotos de la Santísima Virgen, ninguno es verdadero ni fiel sino los que son guiados por su espíritu. He dicho que el espíritu de María era el Espíritu de Dios, porque ella nunca fue guiada por su propio espíritu, sino siempre por el Espíritu Santo, que se ha hecho tan dueño de ella, que se ha convertido en su propio espíritu. Por eso dice san Ambrosio: *Sit in singulis Mariæ anima, ut magnificet Dominum; sit in singulis spiritus Mariæ, ut exultet in Deo* —"Que el alma de María esté en cada uno de nosotros para magnificar al Señor, y el espíritu de María esté en cada uno de nosotros para alegrarse en Dios"—. Un alma es feliz, en verdad, cuando, como el buen hermano laico Jesuita Alfonso Rodríguez, que murió en olor de santidad, está toda ella poseída y gobernada por el espíritu de María, un espíritu manso y fuerte, celoso y prudente, humilde y valiente, puro y profundo. Para que el alma pueda dejarse guiar por el espíritu de María, antes de hacer nada debe: (1) renunciar a su propio espíritu y a sus propias luces y voluntades. Por ejemplo: debe hacerlo antes de su oración, antes de decir u oír misa, y antes de comulgar; porque las tinieblas de nuestro propio espíritu, y la malicia de nuestra propia voluntad y operación, si las seguimos, por buenas que nos parezcan, pondrán un obstáculo al espíritu de María. (2) Debemos ponernos y abandonarnos en sus manos virginales, como una herramienta en manos de un obrero, como un laúd en manos de un hábil tañedor. Debemos perdernos y abandonarnos en ella como una piedra que se arroja al mar. Esto debe hacerse sencillamente y en un instante, con una mirada de la mente, con un pequeño movimiento de la voluntad, o incluso verbalmente, diciendo, por ejemplo: "Renuncio a mí mismo; me entrego a ti, mi querida Madre". Tal vez no sintamos ninguna dulzura sensible en este acto de unión, pero no por ello es menos real. Es como si dijéramos con igual sinceridad, aunque sin sentir ningún cambio en nosotros mismos, lo que, si Dios quiere, nunca diremos: "me entrego al diablo": no perteneceríamos menos verdaderamente al diablo simplemente por no *sentirlo*. (3) De vez en cuando, durante y después de la acción, es preciso renovar el mismo acto y ofrecimiento de unión. Cuanto más lo hagamos, tanto más nos santificaremos y más pronto llegaremos a la unión con Jesucristo, que se sigue necesariamente de nuestra unión con María, porque el espíritu de María es el espíritu de Jesús.

II. Debemos realizar nuestras acciones *con* María; es decir, en todas nuestras acciones debemos considerar como modelo consumado de toda virtud y perfección que el Espíritu Santo ha formado en una criatura pura, para que la imitemos según nuestra pequeña medida. Por tanto, en cada acción debemos considerar cómo lo ha hecho María, o cómo lo habría hecho, si hubiera estado en nuestro lugar. Para ello debemos examinar y meditar las grandes virtudes que practicó durante su vida, y en particular: (1) su fe viva, por la que creyó sin vacilación la palabra del ángel, y la creyó plena y constantemente hasta el pie de la cruz; (2) su profunda humildad, que la hizo esconderse, callar, someterse a todo y ponerse en último lugar; y (3) su pureza totalmente divina, que nunca ha tenido ni podrá tener igual bajo el cielo; y así con todas sus demás virtudes. Recordemos, repito, que María es el molde exclusivo de Dios, propio para hacer imágenes vivas de Dios, a pequeño costo y en poco tiempo; y que un alma que ha encontrado ese molde y se ha perdido en él es transformada en Jesús, a quien representará en vida.

III. Debemos hacer nuestras acciones *en* María. Para comprender esta práctica, debemos saber: 1. Que la Santísima Virgen es el verdadero paraíso terrestre del nuevo Adán y que el antiguo Paraíso no era más que una prefiguración de ella. Hay, pues, en este paraíso terrestre, riquezas, bellezas, rarezas y dulzuras inexplicables que Jesucristo, el nuevo Adán, ha dejado allí. Fue en este paraíso donde tomó su complacencia durante nueve meses, obró sus victorias y desplegó sus riquezas con la magnificencia de un Dios. Este lugar santísimo se compone de una tierra virgen e inmaculada, de la que se formó el nuevo Adán, y en la que se alimentó, sin mancha alguna, por obra del Espíritu Santo, que moraba allí. En este paraíso terrenal está el verdadero árbol de la vida, que tiene en su casa a Jesucristo, el fruto de la vida, y el árbol de la ciencia del bien y del mal, que ha dado luz al mundo. Hay en este lugar divino árboles plantados por la mano de Dios y regados por su unción divina, que tienen hogar y dan diariamente frutos de sabor divino. Hay jardines esmaltados con hermosas y variadas flores; virtudes, que derraman olores que embalsaman a los mismos ángeles. Hay prados verdes de esperanza, torres inexpugnables de fortaleza y las casas más seductoras y seguras. Solo el Espíritu Santo puede hacernos conocer la verdad oculta de estas figuras de las cosas materiales. Hay en este lugar un aire de pureza perfecta; un sol hermoso, donde la Divinidad nunca ensombrece; un día hermoso, sin la noche de la santa humanidad; un horno de amor que arde continuamente, donde todo el hierro que se arroja en él se convierte, por el calor excesivo, en oro. Hay un río de humildad que brota de la tierra y que, dividiéndose en cuatro ramas, riega todo ese lugar encantado; y estas son las cuatro virtudes cardinales. El Espíritu Santo, por boca de los Santos Padres, también llama a la Santísima Virgen la Puerta Oriental, por la que el Sumo Sacerdote, Jesucristo, entra en el mundo y sale de él. Por ella vino la primera vez, y por ella vendrá la segunda.

2. El Santuario de la Divinidad, el Reposo de la Santísima Trinidad, el Trono de Dios, la Ciudad de Dios, el Altar de Dios, el Templo de Dios, el Mundo de Dios: todos estos diferentes epítetos y panegíricos son sustancialmente verdaderos, con referencia a las diferentes maravillas que el Altísimo ha obrado en María. ¡Oh, qué riqueza, qué gloria, qué placer, qué felicidad poder entrar y habitar en María, donde el Altísimo ha puesto el trono de su suprema gloria! Pero qué difícil es para pecadores como nosotros tener el permiso, la capacidad y la luz para entrar en un lugar tan alto y tan santo, que no está custodiado por uno de los querubines, como el antiguo Paraíso terrenal, sino por el Espíritu Santo, que es su dueño absoluto. Él mismo ha dicho: *Hortus conclusus, soror mea sponsa, hortus conclusus, fons signatus*, es decir, este es un jardín cerrado: María está sellada. Los miserables hijos de Adán y Eva, expulsados del Paraíso terrenal, no pueden entrar en este otro jardín sino por una gracia particular del Espíritu Santo, que deben merecer.

Después de haber obtenido esta ilustre gracia por nuestra fidelidad, debemos permanecer en el bello interior de María con complacencia, reposar allí en paz, apoyar allí nuestro peso con confianza, escondernos allí con seguridad y perdernos sin reservas. Así, en ese seno virginal, (1) el alma será alimentada con la leche de la gracia y de la misericordia maternal; (2) será liberada de sus angustias, temores, y escrúpulos; y, (3) estará a salvo contra todos sus enemigos: el mundo, el demonio, y el pecado, que nunca tienen entrada en ella: *Qui operantur in me, non peccabunt*. Por eso dice María que los que obran *en* ella no pecarán; es decir, aquellos que moran en el espíritu de María no caerán en ninguna falta considerable. Por último, (4) el alma será formada en Jesucristo, y Jesucristo en ella, porque su seno es, como dicen los santos Padres, la cámara de los divinos Sacramentos, donde Jesucristo y todos los elegidos han sido formados.

IV. Finalmente, debemos hacer todas nuestras acciones *a través de* María. Como nos hemos entregado enteramente a su servicio, no es más que hacer todo *a través de* ella, como siervos y esclavos. No es que podamos tomarla por el fin último de nuestros servicios, pues este es solo Jesucristo; pero podemos tomarla por nuestro fin próximo, nuestro medio serio y nuestro camino fácil para ir a Él.

Como buenos siervos y esclavos, no debemos permanecer ociosos, sino que, apoyados en su protección, debemos emprender y lograr grandes cosas para esta augusta soberana. Debemos defender sus privilegios cuando son discutidos; debemos defender su gloria cuando es atacada; debemos atraer a todo el mundo, si podemos, a su servicio y a esta devoción verdadera y sólida; debemos hablar y gritar contra aquellos que abusan de su devoción para ultrajar a su Hijo, y debemos al mismo tiempo establecer esta devoción verdadera; no debemos pretender ninguna recompensa por nuestros pequeños servicios, excepto el honor de pertenecer a tan dulce Reina, y la felicidad de estar unidos por ella a Jesús, su Hijo, por un lazo indisoluble en el tiempo y en la eternidad.

¡Gloria a Jesús en María!

¡Gloria a María en Jesús!

¡Gloria a Dios solo!

MANERA DE PRACTICAR ESTA DEVOCIÓN A NUESTRA SEÑORA CUANDO VAMOS A COMULGAR

1. *Antes de comulgar*

1. Debes humillarte muy profundamente ante Dios. 2. Debes renunciar a tu interior corrupto y a tus disposiciones, por muy buenas que tu amor propio las haga parecer. 3. Debes renovar tu consagración diciendo: *Tuus totus ego sum, et Omnia mea tua sunt* —"Soy todo tuyo, mi querida Señora, con todo lo que tengo"—. 4. Debes implorar a esa buena Madre que te preste su corazón, para que recibas allí a su Hijo con las mismas disposiciones que el suyo. Le harás ver que afecta a la gloria de su Hijo el ser puesto en un corazón tan manchado e inconstante como el tuyo, que no dejaría ni de disminuir su gloria ni de destruirla, pero si ella quiere venir y morar contigo, para recibir a su Hijo, puede hacerlo por el dominio que tiene sobre todos los corazones; y su Hijo será bien recibido por ella, sin manchas, y sin peligro de ser ultrajado o destruido: *Deus in medio*

ejus, non commovebitur. Le dirás con confianza que todo lo que le has dado de tu bien es poco para honrarla; pero que por la Santa Comunión quieres hacerle el mismo presente que le hizo el Padre eterno, y que la honrarás más con eso que si le dieras todos los bienes del mundo; y, finalmente, que Jesús, que solo la ama a ella, todavía desea tomar su placer y su reposo en ella, aun en tu alma, aunque sea más sucia y más pobre que el establo donde Él no tuvo dificultades para nacer, simplemente porque ella estaba allí. Le pedirás su corazón con estas tiernas palabras: *Accipio te in mea omnia, præbe mihi cor tuum, O Maria!* —"Te acepto en mi todo, recíbeme en tu corazón, oh, María"—.

2. En la Comunión

A punto de recibir a Jesucristo, después del padrenuestro, di tres veces: *Domine non sum dignus* es decir, "Señor, no soy digno". Dilo por primera vez al Padre eterno, diciéndole que no eres digno, a causa de tus malos pensamientos e ingratitudes para con tan buen Padre, de recibir a su Hijo unigénito; pero que Él ha de contemplar a María, su sierva —*Ecce ancilla Domini*—, que actúa por nosotros, y que nos da una singular confianza y esperanza con su majestad: *Quoniam singulariter in spe constituisti me.*

Dirás al Hijo: *Domine non sum dignus* —"Señor, no soy digno"—, diciéndole que no eres digno de recibirle, por tus palabras ociosas y malas, y por tu infidelidad a su servicio; pero que, sin embargo, le ruegas que tenga piedad de ti, para que le introduzcas en la casa de su propia Madre, y tuya, y que no le dejarás marchar, sin que venga a alojarse con ella. *Tenui eum, nec dimittam donec introducam illum in domum matris meæ, et in cubiculum genitricis meæ.* Le rogarás que se levante y venga al lugar de su reposo y al arca de su santificación: *Surge, Domine, in requiem tuam, tu et arca sanctificationis tuæ.* Dile que no confías para nada en tus propios méritos, en tus propias fuerzas y en tus propios preparativos, como Esaú. Dile que confías en cambio solo en María, tu amada Madre, como el pequeño Jacob se fiaba de los cuidados de Rebeca. Dile que, pecador y Esaú que eres, te atreves a acercarte a su Santidad, apoyado y adornado, como estás, con las virtudes de su Santa Madre.

Dirás al Espíritu Santo, *Domine non sum dignus*, "Señor, no soy digno", diciéndole que no eres digno de recibir esta obra maestra de su caridad, por la tibieza e iniquidad de tus acciones, y por tus resistencias a sus inspiraciones; pero que toda tu confianza está puesta en María, su fiel esposa. Dirás con san Bernardo: *Hæc mea maxima fiducia, hæc tota ratio spei meæ* —"Tienes toda mi fe; eres toda mi esperanza"—. Puedes rogarle incluso que venga Él mismo en María, su esposa indisoluble, diciéndole que su seno es tan puro, y su corazón tan ardiente como siempre; y que sin su descenso a tu alma ni Jesús ni María serán formados, ni aun dignamente alojados.

3. *Después de la Sagrada Comunión*

Después de la sagrada comunión, recogido y con los ojos cerrados, introducirás a Jesús en el corazón de María. Lo entregarás a su Madre, que lo acogerá amorosamente, lo honrará, lo adorará profundamente, lo amará perfectamente, lo abrazará estrechamente y le rendirá, en espíritu y en verdad, muchos homenajes que nos son desconocidos en nuestra espesa oscuridad. O si no, te mantendrás profundamente humillado en tu corazón, en presencia de Jesús, que reside en María. O bien te sentarás como un esclavo a la puerta del palacio del rey, donde Él está hablando con la reina; y mientras ellos hablan el uno con el otro sin necesidad de ti, tú irás en espíritu al cielo y sobre toda la tierra, rogando a todas las criaturas que den gracias, adoren y amen a Jesús y a María en tu lugar: *Venite, adoremus, venite.* O bien pedirás tú mismo a Jesús, en unión con María, la venida de su reino a la tierra, *a través* de su Santa Madre; o demandarás la sabiduría divina, o el amor divino, o el perdón de tus pecados, o alguna otra gracia; pero siempre *a través de* María y *en* María, diciendo, mientras te miras a ti mismo: *Ne respicias, Domine, peccata mea*, "Señor, no mires mis pecados"; *Sed oculi tui videant æquitates Mariæ* —"Deja que tus ojos no miren en mí más que las virtudes y los méritos de María"— y luego, recordando tus pecados, añadirás, *Inimicus homo hoc fecit* —"Soy yo quien ha cometido estos pecados"—, o dirás *Ab homine iniquo et doloso erue me* —"Líbrame del hombre malvado y engañoso"—; o también, *Te oportet crescere, me autem minui* —Jesús mío, tú debes aumentar en mi alma, y yo disminuir"; "María, tú debes aumentar en mí, y yo debo ser aún menos de lo que he sido"—. *Crescite et multiplicamini* —"Jesús y María, aumenten en mí y multiplíquense afuera también, en los demás"—.

Hay infinidad de otros pensamientos que el Espíritu Santo te proporciona y te proporcionará, si eres completamente interior, mortificado y fiel a esta grandiosa y sublime devoción que te he estado enseñando. Pero recuerda siempre que cuanto más dejes actuar a María en tu comunión, tanto más será glorificado Jesús. Cuanto más dejes que María actúe por Jesús, y Jesús actúe en María, tanto más profundamente te humillarás y los escucharás en paz y en silencio, sin ponerte en problemas de ver, gustar o sentir; porque el hombre justo vive a través de la fe, y particularmente en la Sagrada Comunión, que es una acción de fe. *Justus meus ex fide vivit.*

CONSAGRACIÓN DE NOSOTROS MISMOS A JESUCRISTO, SABIDURÍA ENCARNADA, POR MANOS DE MARÍA

¡Oh, Sabiduría eterna y encarnada! ¡Oh, dulcísimo y adorabilísimo Jesús! ¡Verdadero Dios y verdadero Hombre, Hijo único del Padre eterno y de María siempre virgen! Te adoro profundamente en el seno y el esplendor de tu Padre en la eternidad; y te adoro también en el seno virginal de María, tu dignísima Madre, en el tiempo de tu encarnación.

Te doy gracias por haberte aniquilado a ti mismo, tomando la forma de esclavo, para rescatarme de la cruel esclavitud del demonio. Te alabo y glorifico por haberte complacido en someterte a ti mismo a María, tu Santa Madre, en todas las cosas, para hacerme tu fiel esclavo a través de ella. Pero, ¡ay de mí!, ingrato e infiel como he sido, no he cumplido las promesas que tan solemnemente te hice en mi bautismo; no he cumplido mis obligaciones; no merezco ser llamado tu hijo, ni tampoco tu esclavo; y como no hay nada en mí que no merezca tu ira y tu repulsa, ya no me atrevo a presentarme por mí mismo ante tu santísima y augusta majestad. Por eso recurro a la intercesión de tu santísima Madre, que me has dado como mediadora ante ti. Por medio de ella espero obtener de ti la contrición y el perdón de mis pecados, la adquisición y la preservación de la sabiduría. Te saludo, pues, oh, María Inmaculada, tabernáculo viviente de la Divinidad, donde la Sabiduría eterna quiso ocultarse y ser adorada por los ángeles y por los hombres. Te saludo, oh, Reina del cielo y de la tierra, a cuyo imperio está sometido todo lo que está bajo Dios.

Te saludo, oh, refugio seguro de los pecadores, cuya misericordia no falla a nadie. Escucha el ansia que tengo de la Divina Sabiduría y, para ello, recibe los votos y la ofrenda que mi humildad te presenta. Yo, [*tu nombre*], pecador infiel, renuevo y ratifico hoy en tus manos los votos de mi bautismo; renuncio para siempre a Satanás, a sus pompas y a sus obras; y me entrego enteramente a Jesucristo, la Sabiduría encarnada, para llevar mi cruz en pos de Él todos los días de mi vida, y para serle más fiel que nunca.

En presencia de toda la corte celestial, te elijo hoy por mi Madre y Señora. Te entrego y consagro, como esclavo tuyo, mi cuerpo y mi alma, mis bienes, tanto interiores como exteriores, e incluso el valor de todas mis buenas acciones, pasadas, presentes y futuras; dejándote el entero y pleno derecho de disponer de mí, y de todo lo que me pertenece, sin excepción, según tu beneplácito, para la mayor gloria de Dios, en el tiempo y en la eternidad.

Recibe, oh, Virgen benigna, esta pequeña ofrenda de mi esclavitud, en honor y en unión de la sujeción que la eterna sabiduría de Dios debe tener a tu Maternidad, en homenaje al poder que ambas tenéis sobre este pequeño gusano y miserable pecador, y en acción de gracias por los privilegios con que la Santísima Trinidad te ha favorecido. Afirmo que deseo en adelante, como tu verdadero esclavo, buscar tu honor y obedecerte en todas las cosas.

Oh, Madre admirable, preséntame a tu amado Hijo como su eterno esclavo, para que, como por ti me ha redimido, por ti me reciba. Oh, Madre de misericordia, concédeme la gracia de obtener la verdadera sabiduría de Dios. Para ello, ponme en el número de aquellos a quienes amas, a quienes enseñas, conduces, alimentas y proteges, como a tus hijos y esclavos.

Oh, Virgen fiel, hazme en todo tan perfecto discípulo, imitador y esclavo de la Sabiduría encarnada, Jesucristo, tu Hijo, que pueda alcanzar, por tu intercesión y con tu ejemplo, la plenitud de su edad en la tierra y de su gloria en los cielos. Amén.

Qui potest capere, capiat.
Quis sapiens, et intelliget hæc?

El que puede comprender, que comprenda.
¿Quién es sabio como para entenderlo?

ORACIONES CATÓLICAS

ORACIONES BÁSICAS

La señal de la cruz
En el nombre del Padre,
del Hijo,
y del Espíritu Santo.
Amén.

Por la señal
Por la señal de la Santa Cruz,
de nuestros enemigos
líbranos, Señor, Dios nuestro,
en el nombre del Padre, del Hijo y del Espíritu Santo.
Amén.

Padre nuestro
Padre nuestro,
que estás en el cielo,
santificado sea tu nombre;
venga a nosotros tu reino;
hágase tu voluntad

en la tierra como en el cielo.
Danos hoy nuestro pan de cada día;
perdona nuestras ofensas,
como también nosotros perdonamos
a los que nos ofenden;
no nos dejes caer en la tentación
y líbranos del mal.
Amén.

Ave María

Dios te salve, María,
llena eres de gracia,
el Señor es contigo;
bendita tú eres
entre todas las mujeres,
y bendito es el fruto
de tu vientre, Jesús.
Santa María, Madre de Dios,
ruega por nosotros, pecadores,
ahora y en la ahora
de nuestra muerte.
Amén.

Gloria

Gloria al Padre,
al Hijo
y al Espíritu Santo.
Como era en el principio,

ahora y siempre,
por los siglos de los siglos.
Amén.

Credo o Símbolo de los apóstoles

Creo en Dios Padre Todopoderoso,
Creador del cielo y de la tierra.
Creo en Jesucristo, su único Hijo, nuestro Señor,
que fue concebido por obra y gracia del Espíritu Santo,
nació de Santa María Virgen,
padeció bajo el poder de Poncio Pilato
fue crucificado, muerto y sepultado,
descendió a los infiernos,
al tercer día resucitó de entre los muertos,
subió a los cielos
y está sentado a la derecha de Dios, Padre Todopoderoso.
Desde allí ha de venir a juzgar a vivos y muertos.
Creo en el Espíritu Santo,
la Santa Iglesia Católica,
la comunión de los santos,
el perdón de los pecados,
la resurrección de la carne
y la vida eterna.
Amén.

Credo niceno

Creo en un solo Dios,
Padre todopoderoso,

Creador del cielo y de la tierra,
de todo lo visible y lo invisible.
Creo en un solo Señor, Jesucristo,
Hijo único de Dios,
nacido del Padre antes de todos los siglos:
Dios de Dios,
Luz de Luz,
Dios verdadero de Dios verdadero,
engendrado, no creado,
de la misma naturaleza del Padre,
por quien todo fue hecho;
que por nosotros los hombres,
y por nuestra salvación
bajó del cielo,
y por obra del Espíritu Santo
se encarnó de María, la Virgen,
y se hizo hombre;
y por nuestra causa fue crucificado
en tiempos de Poncio Pilato;
padeció y fue sepultado,
y resucitó al tercer día, según las Escrituras,
y subió al cielo,
y está sentado a la derecha del Padre;
y de nuevo vendrá con gloria
para juzgar a vivos y muertos,
y su reino no tendrá fin.
Creo en el Espíritu Santo,
Señor y dador de vida,

que procede del Padre y del Hijo,
que con el Padre y el Hijo
recibe una misma adoración y gloria,
y que habló por los profetas.
Creo en la Iglesia,
que es una, santa, católica y apostólica.
Confieso que hay un solo bautismo
para el perdón de los pecados.
Espero la resurrección de los muertos
y la vida del mundo futuro.
Amén.

Ángel de Dios

Ángel de Dios,
que eres mi custodio,
pues la bondad divina
me ha encomendado a ti,
ilumíname, guárdame, defiéndeme
y gobiérname.
Amén.

Yo confieso

Yo confieso ante Dios Todopoderoso
y ante ustedes, hermanos,
que he pecado mucho
de pensamiento, palabra, obra y omisión.
Por mi culpa, por mi culpa, por mi gran culpa.
Por eso ruego a Santa María, siempre Virgen,

a los ángeles, a los santos y a ustedes hermanos
que intercedan por mí ante Dios, nuestro Señor.

Magníficat

Proclama mi alma la grandeza del Señor,
se alegra mi espíritu en Dios, mi Salvador,
porque ha mirado la humillación de su esclava.
Desde ahora me felicitarán todas las generaciones
porque el Poderoso ha hecho obras grandes por mí.
Su nombre es santo y su misericordia
llega a sus fieles de generación en generación.
Él hace proezas con su brazo, dispersa a los soberbios
de corazón.
Derriba del trono a los poderosos y enaltece a los
humildes.
A los hambrientos los colma de bienes
y a los ricos los despide vacíos.
Auxilia a Israel, su siervo,
acordándose de su santa alianza
según lo había prometido a nuestros padres en favor
de Abraham
y su descendencia por siempre.
Gloria al Padre y al Hijo y al Espíritu Santo,
como era en el principio, ahora y siempre
por los siglos de los siglos.
Amén.

Acto de fe

Señor Dios, creo firmemente y confieso todas y cada una de las verdades que la santa Iglesia católica propone, porque Tú nos las revelaste, oh, Dios, que eres la eterna Verdad y Sabiduría, que ni se engaña ni nos puede engañar. Quiero vivir y morir en esta fe.
Amén.

Acto de esperanza

Señor Dios mío, espero por tu gracia la remisión de todos mis pecados; y después de esta vida, alcanzar la eterna felicidad, porque Tú lo prometiste que eres infinitamente poderoso, fiel, benigno y lleno de misericordia. Quiero vivir y morir en esta esperanza.
Amén.

Acto de caridad

Dios mío, te amo sobre todas las cosas
y al prójimo por Ti,
porque Tú eres el infinito,
sumo y perfecto Bien, digno de todo amor.
Quiero vivir y morir en este amor.
Amén.

ORACIONES A DIOS
(Padre, Hijo y Espíritu Santo)

Gloria a Dios (oración litúrgica)
Gloria a Dios en el cielo,
y en la tierra paz
a los hombres que ama el Señor.
Por tu inmensa gloria
te alabamos, te bendecimos,
te adoramos, te glorificamos,
te damos gracias, Señor Dios,
Rey celestial, Dios Padre Todopoderoso.
Señor, Hijo único, Jesucristo.
Señor Dios, Cordero de Dios, Hijo del Padre;
Tú que quitas el pecado del mundo,
ten piedad de nosotros;
Tú que quitas el pecado del mundo,
atiende nuestras súplicas;
Tú que estás sentado a la derecha del Padre,
ten piedad de nosotros;
porque solo Tú eres Santo,
solo Tú Señor, solo Tú Altísimo, Jesucristo,

con el Espíritu Santo
en la gloria de Dios Padre.
Amén.

Te Deum (A ti, ¡oh, Dios!)

A ti, ¡oh, Dios!, te alabamos,
a ti, Señor, te reconocemos.
A ti, eterno Padre,
te venera toda la creación.
Los ángeles todos,
los cielos y todas las potestades te honran.
Los querubines y serafines
te cantan sin cesar:
Santo, Santo, Santo es el Señor,
Dios del universo.
Los cielos y la tierra
están llenos de la majestad de tu gloria.
A Ti te ensalza
el glorioso coro de los apóstoles,
la multitud admirable de los profetas,
el blanco ejército de los mártires.
A Ti la Iglesia santa,
extendida por toda la tierra, te proclama:
Padre de inmensa majestad,
Hijo único y verdadero, digno de adoración,
Espíritu Santo, Defensor.
Tú eres el Rey de la gloria, Cristo.
Tú eres el Hijo único del Padre.

Tú, para liberar al hombre,
aceptaste la condición humana
sin desdeñar el seno de la Virgen.
Tú, rotas las cadenas de la muerte,
abriste a los creyentes el reino del cielo.
Tú te sientas a la derecha de Dios
en la gloria del Padre.
Creemos que un día
has de venir como juez.
Te rogamos, pues,
que vengas en ayuda de tus siervos,
a quienes redimiste con tu preciosa sangre.
Haz que en la gloria eterna
nos asociemos a tus santos.
Salva a tu pueblo, Señor,
y bendice tu heredad.
Sé su pastor
y ensálzalo eternamente.
Día tras día te bendecimos
y alabamos tu nombre para siempre,
por eternidad de eternidades.
Dígnate, Señor, en este día
guardarnos del pecado.
Ten piedad de nosotros, Señor,
ten piedad de nosotros.
Que tu misericordia, Señor,
venga sobre nosotros,
como lo esperamos de ti.

En ti, Señor, confié,
no me veré defraudado para siempre.

Comunión espiritual

Creo, Jesús mío, que estás realmente presente en el
Santísimo Sacramento del altar.
Te amo sobre todas las cosas
y deseo ardientemente recibirte dentro de mi alma,
pero no pudiendo hacerlo sacramentalmente,
ven al menos espiritualmente a mi corazón.
Quédate conmigo y no permitas que me separe de ti.

Dios mío, creo en ti

Dios mío, creo en ti, espero en ti,
te amo sobre todas las cosas
con toda mi alma,
con todo mi corazón,
con todas mis fuerzas.
Te amo porque eres infinitamente bueno
y porque eres digno de ser amado;
y, porque te amo,
me pesa de todo corazón haberte ofendido:
ten misericordia de mí, pecador.
Amén.

Ven, Espíritu Santo Creador

Ven, Espíritu Creador,
visita las almas de los fieles

e inunda con tu gracia
los corazones que Tú creaste.
Espíritu de Sabiduría,
que conoces mis pensamientos más secretos
y mis deseos más íntimos, buenos y malos;
ilumíname y hazme conocer lo bueno para obrarlo,
y lo malo para detestarlo sinceramente.
Intensifica mi vida interior por el don del Entendimiento.
Aconséjame en mis dudas y vacilaciones por el don de
    Consejo.
Dame la energía necesaria en la lucha contra mis
    pasiones por el don de Fortaleza.
Envuelve todo mi proceder en un ambiente sobrenatural
por el don de Ciencia.
Haz que me sienta hijo tuyo en todas las vicisitudes
    de la vida,
y acuda a Ti, cual niño con afecto filial,
    por el don de Piedad.
Concédeme que te venere y te ame cual lo mereces;
que ande con cautela en el sendero del bien,
guiado por el don del santo Temor de Dios;
que tema el pecado más que ningún otro mal;
que prefiera perderlo todo antes que tu gracia;
y que llegue un día a aquella feliz morada,
donde Tú serás nuestra luz y consuelo,
y, cual tierna madre, enjugas
«toda lágrima de nuestros ojos»,
donde no hay llanto ni dolor alguno,

sino eterna felicidad.
Amén.

Ven, Espíritu de Vida (Invocación al Espíritu Santo)

Ven, Espíritu Santo,
llena los corazones de tus fieles
y enciende en ellos el fuego de tu amor.
Envía, Señor, tu Espíritu,
y se renovará la faz de la tierra.

Plegaria al Espíritu Santo

Espíritu Santo, Amor del Padre y del Hijo,
inspírame siempre lo que debo pensar,
lo que debo decir, cómo lo debo decir,
lo que debo callar, lo que debo escribir,
lo que debo hacer para obtener tu gloria,
el bien de las almas y mi propia santificación.

Oración al Espíritu Santo

¡Oh, Dios, que llenaste
los corazones de tus fieles
con la luz del Espíritu Santo!;
concédenos que, guiados por el mismo Espíritu,
sintamos con rectitud y gocemos siempre de tu consuelo.
Por Jesucristo, nuestro Señor.
Amén.

Oración breve al Espíritu Santo

Señor, envía tu Espíritu
para darnos vida nueva.
Ilumina nuestras ideas
y guía nuestra acción.
Que todo sea en Ti,
por Ti y como Tú quieras.
Amén.

Espíritu Santo, Alma de mi alma

Espíritu Santo, alma de mi alma,
yo te adoro, ilumíname, guíame,
fortifícame, consuélame,
dime lo que debo hacer.
Dispón de mí porque prometo obedecerte
y aceptar todo lo que permitas que me suceda.
Hazme conocer tan solo tu voluntad.
Amén.

Veni Creator

Ven, Espíritu Creador,
visita las almas de tus fieles
llena con tu divina gracia,
los corazones que creaste.
Tú, a quien llamamos Paráclito,
don de Dios Altísimo,
fuente viva, fuego,
caridad y espiritual unción.

Tú derramas sobre nosotros los siete dones;
Tú, dedo de la diestra del Padre;
Tú, fiel promesa del Padre;
que inspiras nuestras palabras.
Ilumina nuestros sentidos;
infunde tu amor en nuestros corazones;
y, con tu perpetuo auxilio,
fortalece la debilidad de nuestro cuerpo.
Aleja de nosotros al enemigo,
danos pronto la paz,
sé nuestro director y nuestro guía,
para que evitemos todo mal.
Por ti conozcamos al Padre,
al Hijo revélanos también;
Creamos en ti, su Espíritu,
por los siglos de los siglos.
Gloria a Dios Padre,
y al Hijo que resucitó,
y al Espíritu Consolador,
por los siglos de los siglos.
Amén.

Miradme, ¡oh, mi amado y buen Jesús!

Miradme, ¡oh, mi amado y buen Jesús!,
Postrado ante vuestra santísima presencia.
Os ruego con el mayor fervor, que imprimáis en mi
    corazón
vivos sentimientos de Fe, Esperanza y Caridad;

verdadero dolor de mis pecados, y propósito firmísimo
de enmendarme;

mientras que yo, con todo el amor, y toda la compasión
de mi alma,

voy considerando vuestras cinco llagas;

Teniendo presente aquello que dijo de Vos el santo
profeta, David:

"Han taladrado mis manos y mis pies, y se pueden
contar todos mis huesos".

(Salmo 21, 17-18)

Padre, me pongo en tus manos (P. Foucauld)

Padre, me pongo en tus manos.

Haz de mí lo que quieras,

sea lo que sea, te doy las gracias.

Lo acepto todo con tal que tu voluntad

se cumpla en mí y en todas tus criaturas.

No deseo nada más, Padre.

Yo te ofrezco mi alma

y te la doy con todo el amor de que soy capaz.

Porque deseo darme,

ponerme en tus manos,

con infinita confianza,

porque Tú eres mi Padre.

ORACIONES
A LA SANTÍSIMA VIRGEN

Salve

Dios te salve, Reina y Madre de misericordia,
vida, dulzura y esperanza nuestra.
Dios te salve.
A ti clamamos los desterrados hijos de Eva,
a ti suspiramos, gimiendo y llorando en este valle de
  lágrimas.
Ea, pues, Señora Abogada Nuestra,
vuelve a nosotros tus ojos misericordiosos,
y después de este destierro, muéstranos a Jesús,
fruto bendito de tu vientre.
¡Oh, clemente! ¡Oh, piadosa! ¡Oh, dulce Virgen María!
Ruega por nosotros, Santa Madre de Dios,
para que seamos dignos de alcanzar las promesas
de nuestro Señor Jesucristo.
Amén.

Consagración a Nuestra Señora

Oh, Señora mía,
oh, Madre mía:

yo me ofrezco enteramente a ti,

y en prueba de mi filial afecto,

te consagro en este día [*tarde o noche*]

y para siempre, mis ojos, mis oídos,

mi lengua, mi corazón, en una palabra,

todo mi ser, ya que soy todo tuyo,

oh, Madre de bondad,

guárdame y defiéndeme,

como cosa y posesión tuya.

Amén.

Ángelus

El ángel del Señor anunció a María.

Y concibió por obra y gracia del Espíritu Santo.

Dios te salve, María...

He aquí la esclava del Señor.

Hágase en mí según tu palabra.

Dios te salve, María...

Y el Verbo de Dios se hizo carne.

Y habitó entre nosotros.

Dios te salve, María...

Ruega por nosotros,

Santa Madre de Dios,

para que seamos dignos de alcanzar

las promesas de Jesucristo.

Oremos.

Infunde, Señor,

tu gracia en nuestras almas,

para que los que hemos conocido,
por el anuncio del Ángel,
la Encarnación de tu Hijo Jesucristo,
lleguemos por los Méritos de su Pasión y su Cruz, a la
gloria de la Resurrección.
Por Jesucristo, nuestro Señor.
Amén.
Gloria al Padre...

Regina Caeli
Reina del cielo, alégrate; aleluya.
Porque el Señor a quien has merecido llevar; aleluya.
Ha resucitado según su palabra; aleluya.
Ruega al Señor por nosotros; aleluya.
Gózate y alégrate, Virgen María; aleluya.
Porque verdaderamente ha resucitado el Señor; aleluya.
Oremos.
¡Oh, Dios!, que por la resurrección de tu Hijo, nuestro
Señor Jesucristo, has llenado el mundo de alegría,
concédenos, por intercesión de su Madre,
la Virgen María, llegar a alcanzar los gozos eternos.
Por nuestro Señor Jesucristo.
Amén.

Acordaos (*Memorare* de San Bernardo de Claraval)
Acordaos, ¡oh, piadosísima Virgen María!, que jamás
se ha oído decir que ninguno de los que han acudido
a vuestra protección, implorando vuestra asistencia y
reclamando vuestro socorro, haya sido desamparado.

Animado con esta confianza, a Vos acudo, ¡oh, Madre, Virgen de las vírgenes! Y gimiendo bajo el peso de mis pecados, me atrevo a comparecer ante Vos; no deséchéis mis súplicas, antes bien escuchadlas y acogedlas benignamente.

Amén.

Bajo tu amparo

Bajo tu amparo nos acogemos, Santa Madre de Dios. No desoigas nuestras súplicas en las necesidades que te presentamos, antes bien líbranos siempre de todos los peligros, Virgen gloriosa y bendita.

Bendita sea tu pureza

Bendita sea tu pureza
y eternamente lo sea;
pues todo un Dios se recrea
en tan graciosa belleza.
A ti, celestial Princesa,
Virgen Sagrada, María,
yo te ofrezco en este día:
alma, vida y corazón.
Mírame con compasión;
no me dejes, Madre mía.

¡Oh, Señora mía!

¡Oh, Señora mía! ¡Oh, Madre mía! Yo me ofrezco enteramente a Vos; y en prueba de mi filial afecto os consagro, en este día, mis ojos, mis oídos, mi lengua, mi corazón; en una palabra: todo mi ser.

Ya que soy todo vuestro, Madre de bondad, guardadme y defendedme como cosa y posesión vuestra.

Oración a la Virgen María (papa Francisco)

María, mujer de la escucha, haz que se abran nuestros oídos; que sepamos escuchar la Palabra de tu Hijo Jesús entre las miles de palabras de este mundo; haz que sepamos escuchar la realidad en la que vivimos, a cada persona que encontramos, especialmente a quien es pobre, necesitado, que tiene dificultades.

María, mujer de la decisión, ilumina nuestra mente y nuestro corazón, para que sepamos obedecer a la Palabra de tu Hijo Jesús sin vacilaciones, danos la valentía de la decisión, de no dejarnos arrastrar para que otros orienten nuestra vida.

María, mujer de la acción, haz que nuestras manos y nuestros pies se muevan «deprisa» hacia los demás, para llevar la caridad y el amor de tu Hijo Jesús, para llevar, como tú, la luz del Evangelio al mundo.
Amén.

Oración a la Inmaculada Concepción

¡Virgen Santísima, que agradaste al Señor y fuiste su Madre; inmaculada en el cuerpo, en el alma, en la fe y en el amor! Por piedad, vuelve benigna los ojos a los fieles que imploran tu poderoso patrocinio. La maligna serpiente, contra quien fue lanzada la primera maldición, sigue combatiendo con furor y tentando a los miserables hijos de Eva. ¡Ea, bendita Madre, nuestra Reina y Abogada, que desde el primer instante de tu concepción quebrantaste la cabeza del enemigo! Acoge las súplicas de los que, unidos a ti en un solo corazón, te pedimos las presentes ante el trono del Altísimo para que no caigamos nunca en las emboscadas que se nos preparan; para que todos lleguemos al puerto de salvación, y, entre tantos peligros, la Iglesia y la sociedad canten de nuevo el himno del rescate, de la victoria y de la paz.
Amén.

Consagración a María

Madre del Redentor, Virgen fecunda,
Puerta del cielo siempre abierta,
Estrella del mar,
ven a librar al pueblo que tropieza
y quiere levantarse.
Ante la admiración de cielo y tierra,
engendraste a tu santo Creador,

y permaneces siempre Virgen,
recibe el saludo del ángel Gabriel,
y ten piedad de nosotros pecadores.

ORACIÓN
DEL SANTO ROSARIO

Santo Rosario

Rosario

Antes de cada cuenta grande se enuncia el misterio correspondiente al día de la semana, y se reza un padrenuestro.

Por cada cuenta pequeña (decenas), se reza un avemaría para un total de diez, una gloria y, opcionalmente, la siguiente jaculatoria (Oración de Fátima):

"¡Oh, Jesús mío! Perdona nuestros pecados y líbranos del fuego del infierno. ¡Lleva al cielo todas las almas, especialmente las más necesitadas de tu misericordia!".

Despedida

Ruega por nosotros, Santa Madre de Dios, para que seamos dignos de alcanzar las promesas de nuestro señor Jesucristo. En el nombre del Padre, el Hijo y el Espíritu Santo.

Misterios del Santo Rosario

Misterios gozosos (lunes y sábado)

1. La encarnación del Hijo de Dios.
2. La visitación de Nuestra Señora a su prima Santa Isabel.
3. El nacimiento del Hijo de Dios.
4. La presentación de Jesús en el templo.
5. El Niño Jesús perdido y hallado en el templo.

Misterios luminosos (jueves)

1. El bautismo de Jesús en el Jordán.
2. La autorrevelación de Jesús en las bodas de Caná.
3. El anuncio del Reino de Dios invitando a la conversión.
4. La Transfiguración del Señor.
5. La institución de la Eucaristía.

Misterios dolorosos (martes y viernes)

1. La oración de Jesús en el Huerto de los Olivos.
2. La flagelación del Señor.
3. La corona de espinas.
4. Jesús con la cruz a cuestas camino del Calvario.
5. La crucifixión y muerte del Señor.

Misterios gloriosos (miércoles y domingo)

1. La resurrección del Hijo de Dios.
2. La ascensión del Señor a los cielos.
3. La venida del Espíritu Santo sobre los apóstoles.
4. La asunción de Nuestra Señora a los cielos.

5. La coronación de la Santísima Virgen como Reina de cielos y tierra.

Letanías lauretanas en honor a la Virgen María Santísima

Señor, ten piedad.

Cristo, ten piedad.

Señor, ten piedad.

Cristo, óyenos.

Cristo, escúchanos.

Dios, Padre celestial,

ten piedad de nosotros (*repetir).

Dios, Hijo Redentor del mundo,*

Dios, Espíritu Santo,*

Trinidad Santa, un solo Dios…*

Santa María,

ruega por nosotros (*repetir).

Santa Madre de Dios,*

Santa Virgen de las vírgenes,*

Madre de Cristo,*

Madre de la Iglesia,*

Madre de la divina gracia,*

Madre purísima,*

Madre castísima,*

Madre virginal,*

Madre inmaculada,*

Madre amable,*

Madre admirable,*

Madre del buen consejo,*

Madre del Creador,*

Madre del Salvador,*

Virgen prudentísima,*

Virgen digna de veneración,*

Virgen digna de alabanza,*

Virgen poderosa,*

Virgen clemente,*

Virgen fiel,*

Espejo de justicia,*

Trono de sabiduría,*

Causa de nuestra alegría,*

Vaso espiritual,*

Vaso digno de honor,*

Vaso insigne de devoción,*

Rosa mística,*

Torre de David,*

Torre de marfil,*

Casa de oro,*

Arca de la alianza,*

Puerta del cielo,*

Estrella de la mañana,*

Salud de los enfermos,*

Refugio de los pecadores,*

Consuelo de los afligidos,*

Auxilio de los cristianos,*

Reina de los Ángeles,*

Reina de los Patriarcas,*
Reina de los Profetas,*
Reina de los Apóstoles,*
Reina de los Mártires,*
Reina de los Confesores,*
Reina de las Vírgenes,*
Reina de todos los Santos,*
Reina concebida sin pecado original,*
Reina asunta al cielo,*
Reina del Santísimo Rosario,*
Reina de la familia,*
Reina de la paz...*

Cordero de Dios que quitas el pecado del mundo,
perdónanos, Señor.
Cordero de Dios, que quitas el pecado del mundo,
escúchanos, Señor.
Cordero de Dios, que quitas el pecado del mundo,
ten misericordia de nosotros.

Ruega por nosotros, Santa Madre de Dios,
para que seamos dignos de alcanzar las promesas de
nuestro Señor Jesucristo.
Amén.

Te pedimos, Señor, que nosotros, tus siervos, gocemos
siempre de salud de alma y cuerpo, y, por la intercesión

gloriosa de Santa María, la Virgen, líbranos de las tristezas de este mundo y concédenos las alegrías del cielo. Por Jesucristo, nuestro Señor.
Amén.

SOBRE EL AUTOR

Luis María Grignion de Montfort (31 de enero de 1673 – 28 de abril de 1716) fue un sacerdote católico y teólogo francés. En su tiempo fue conocido como predicador y el papa Clemente XI lo nombró misionero apostólico.

Además de predicar, Montfort escribió algunos libros que se convirtieron en clásicos católicos e influenciaron a varios papas. Montfort es conocido por su particular devoción a la Santísima Virgen María y por la práctica de rezar el rosario.

Montfort es considerado uno de los más notables escritores en el campo de la Mariología. Sus trabajos más significativos sobre la devoción a María son *El secreto admirable del Santísimo Rosario* y *Tratado de la verdadera devoción a la Santísima Virgen María*.

La Iglesia Católica Romana, bajo el pontificado del papa Pío XII, canonizó a Montfort el 20 de julio de 1947. En honor al santo, el artista Giacomo Parisini creó una estatua que se encuentra hoy en la Basílica de San Pedro.